Rainer Patzlaff
Der gefrorene Blick

Praxis Anthroposophie – Dialoge, Initiativen, Entwürfe: Taschen-
bücher, die die Welt nicht nur als bestehende erfassen, sondern sie
auch vorausdenkend weiterentwickeln möchten.

Über das Buch:
Rainer Patzlaff untersucht die unbewusst bleibenden Wirkungen
des Bildschirms auf den Menschen und schildert die Folgen des
Fernsehens für die kindliche Entwicklung. Die neuen, oft erstaunli-
chen Forschungsresultate, die er referiert, belegen, dass elektronisch erzeugte Bilder tief in die Physiologie des gesamten Körpers
eingreifen. Vor allem auf dem Gebiet der Sprachentwicklung stellen
sich auf Dauer oft schwerwiegende Störungen ein.

Der Autor gibt daher Anregungen, wie der Benutzer seine Freiheit und Eigenaktivität dem Fernsehen gegenüber stärken kann.
Vor allem Eltern finden wertvolle Gesichtspunkte, etwa zu den Fragen: Fernsehen für Kinder – ab welchem Alter? Wie schaffe ich
einen Ausgleich? Wie kann ich mein Kind zu einem bewussten,
selbstbestimmten Umgang mit dem Fernsehen führen?

Über den Autor:
Dr. Rainer Patzlaff, geb. 1943, studierte Germanistik, Graecistik und
Philosophie in Münster und Berlin. Wissenschaftlicher Assistent an
der Freien Universität Berlin, Promotion, Referendariat und Lehr-
tätigkeit am Gymnasium. Seit 1975 Oberstufenlehrer für Deutsch
und Geschichte an der Freien Waldorfschule Uhlandshöhe in Stuttgart. Dozent am Seminar für Waldorfpädagogik, Stuttgart. Im Verlag
Freies Geistesleben sind von ihm bereits erschienen: *Bildschirm-
technik und Bewusstseinsmanipulation; Medienmagie oder die Herrschaft über die Sinne* sowie *Sprachzerfall und Aggression*.

RAINER PATZLAFF

Der gefrorene Blick

Physiologische Wirkungen des Fernsehens
und die Entwicklung des Kindes

VERLAG FREIES GEISTESLEBEN

6. Auflage 2010

Verlag Freies Geistesleben
Landhausstraße 82, 70190 Stuttgart
Internet: www.geistesleben.com

ISBN 978-3-7725-1269-8

© 2000 Verlag Freies Geistesleben
& Urachhaus GmbH, Stuttgart
Umschlaggestaltung: Thomas Neuerer
Druck: Aalexx Buchproduktion, Großburgwedel
Printed in Germany

Inhalt

Geleitwort

Mit Karl muss ein ernstes Gespräch geführt werden – das Klassenkollegium ist aufgrund seiner schlechten Leistungen zu dem Ergebnis gekommen, dass er im kommenden Sommer so nicht in die gymnasiale Oberstufe aufgenommen werden kann. Am nächsten Tag verabrede ich mit ihm einen Gesprächstermin.

Karl trägt meine Mitteilung mit Fassung und fragt, was er jetzt noch machen könne. Sehr schnell kommen die gemeinsamen Überlegungen auf die Gestaltung seiner Arbeit zu Hause. Dabei erzählt Karl, dass er sehr viel Zeit vor dem eigenen Fernseher verbringe – viel mehr, als er eigentlich selber wolle. «Na ja, ich gucke jeden Tag zwei, drei Stunden Fernsehen.» Eigentlich will er gar nicht so viel fernsehen. Aber wenn er nach Hause kommt, dann schaltet er ein und kann dann nicht wieder aufhören. Was tun?

Damit ist das weitere Thema unseres Gespräches festgelegt. Karl und ich beschäftigen uns intensiv mit der Frage, wie er individuelle Strategien entwickeln kann, seinen exzessiven Medienkonsum einzuschränken, um die gewonnene Zeit sinnvoll für die Schule zu verwenden. Ein zunächst rein schulisches Gespräch hat sich unversehens zu einem Beratungsgespräch über den Umgang mit einer Abhängigkeit entwickelt.

Solche Schüler wie Karl sind keine Ausnahme. Die Zahlen, die Rainer Patzlaff in dem vorliegenden Buch zitiert, entsprechen der alltäglichen Wirklichkeit. Da gibt es Kinder in der 7. Klasse, die am Montag sechs, sieben verschiedene Spielfilme aufzählen, die sie im Laufe des Wochenendes gesehen haben. Andere kennen die Programmstruktur aller Sender auswendig, sie können genau sagen, welche Serie, welche Reportsendung usw. an welchem Tag und zu welcher Uhrzeit auf welchem Sender läuft.

Wir Erwachsene haben uns anscheinend an den extremen Medienkonsum der Kinder gewöhnt. Nur wenige erheben lautstark ihre Stimme gegen diesen alltäglichen pädagogischen Wahnsinn. Selbst an Waldorfschulen meinen viele Lehrer und Lehrerinnen resigniert: «Damit müssen wir wohl leben.» Dabei müssten an allen Schulen die Alarmglocken schrillen. Denn die Fähigkeiten der Kinder, die Inhalte des Schulunterrichtes selbstständig und kreativ aufzunehmen, haben sich in den letzten zehn Jahren erschreckend schnell verringert. Von vielen Symptomen sei nur eines geschildert:

Die Industrie- und Handelskammer im Main-Kinzig-Kreis überprüft seit 1970, welche Fähigkeiten junge Menschen in Rechtschreibung und Mathematik für das Berufsleben mitbringen. Ursprünglich war diese Maßnahme nur dazu gedacht, Schwächen einzelner jugendlicher Berufsanfänger zu finden, um dann gezielt Hilfe anbieten zu können. Mittlerweile ist dieser jährliche Test zum Indikator geworden für die nachlassenden Fähigkeiten der Jugendlichen, die ins Berufsleben eintreten. Der Test, der 1999 von 740 Freiwilligen geschrieben wurde, war identisch mit dem von 1989 und 1994. Damit war ein direkter Vergleich möglich: 1989 erhielten 47,6 Prozent der Teilnehmer in Rechtschreibung die Bewertung gut oder sehr gut. 1994 waren es noch 46,2 Prozent, und 1999 fiel diese Zahl auf 34,4 Prozent. Ähnlich ist die Entwicklung beim Rechnen: Der Anteil der guten und sehr guten Ergebnisse ging von 20,8 Prozent (1989) über 16,1 Prozent (1994) auf 11,2 Prozent (1999) zurück. Die mangelhaften und ungenügenden Arbeiten stiegen dagegen von 19,6 Prozent (1989) auf 27,2 Prozent (1999).[1] Ein Sprecher der IHK in Hanau kommentierte diese Ergebnisse mit der Feststellung, «dass das Bildungssystem in Richtung Bildungs-GAU marschiert».

Was die IHK statistisch prägnant in Zahlen fasst, ist für Lehrer und Lehrerinnen zur Alltagserfahrung geworden. Die Zahl der Schüler, die es schwer haben, einen gedanklichen Zusammenhang zu verstehen und allein weiter zu denken, wird größer. Im Mathematikunterricht einen komplizierteren Beweis zu erläutern ist ungleich mühsamer als vor zehn Jahren, denn viele Jugendliche können primitivste Gedankengänge nicht selbstständig ausführen geschweige denn auf eine neue Situation übertragen.

Die Ursache dafür allein im Fernsehkonsum zu suchen ist sicher zu kurz gegriffen. Andere Einflüsse tragen das ihre dazu bei. Dennoch ist der exzessive Medienkonsum der Kinder ein sehr wesentlicher Faktor dieser Fehlentwicklung.

Wir dürfen nicht weiter die Augen verschließen, sondern müssen uns Gedanken darüber machen, welche Gegengewichte notwendig sind. Fernsehen, Computerspiele und Internet abschaffen zu wollen ist Unsinn, denn unsere technischen Errungenschaften geben uns auch nützliche und zukunftsträchtige Möglichkeiten. Die notwendige Frage ist: Was kann ich mit meinen Kindern tun, damit sie den negativen Wirkungen des Fernsehens etwas entgegensetzen können? Wie erziehe ich sie zum rechten Umgang mit Unterhaltungsgeräten? Wie werden Kinder wirklich medienkompetent?

Wer solche Fragen hat, dem kann das vorliegende Buch eine Hilfe sein. Rainer Patzlaff beschreibt klar und detailliert die Wirkungen des Bildschirms auf die Kinderseelen. Vorurteile werden sachlich widerlegt. Vor allem jedoch zeigt er Wege auf, wie Eltern ihren Kindern in einer «medialen» Umwelt eine fantasievolle Kindheit ermöglichen können – eine Kindheit, die dem späteren Erwachsenen die Grundlage für ein kreatives Arbeiten und Schaffen gibt.

Dieses Buch mag dem einen oder anderen unbequem erscheinen. Aber es rüttelt auf – um unserer Kinder willen, um der Zukunft willen! Mögen es recht viele und vor allem junge Eltern lesen!

Frankfurt/Main, im Frühjahr 2000 *Edwin Hübner*

Einführung

Kein Medium ist so bestimmend in den Alltag der gesamten Menschheit eingedrungen wie das Fernsehen. Auch nach fünf Jahrzehnten weltweiter Verbreitung behauptet es sich – im Ganzen gesehen – noch immer als beliebtestes, meistgenutztes Freizeitmedium, trotz moderner Attraktionen wie Internet und PC. Ein Grund für diese auffällige Bevorzugung ist sicherlich in der Tatsache zu suchen, dass das Fernsehen als «Fenster zur Welt» den Benutzer mit dem gesamten Weltgeschehen verbindet, und zwar in einer Farbigkeit und Lebendigkeit, an die kein anderes Medium heranreicht. Nirgends scheint es so leicht zu sein wie hier, ein weltumspannendes Bewusstsein zu erlangen. Denn hier hört und liest man nicht nur von fernen Ereignissen, hier ist man sozusagen unmittelbar dabei und sieht «mit eigenen Augen», was geschieht.

In einer Zeit, die immer mehr im Zeichen globaler Politik, globaler Wirtschaftsprozesse, globaler Umweltprobleme steht, bedarf es dringend solcher Möglichkeiten, in die Welt zu blicken. Unser Bewusstsein auf die gesamte Erde und die gesamte Menschheit zu richten, das ist es, worauf heute alles ankommt, und so könnte das Fernsehen einen bedeutenden Beitrag zur Bewältigung der Gegenwartsaufgaben leisten, indem es unseren Horizont weitet.

Die Praxis jedoch sieht anders aus: Was die mehr als dreißig Fernsehkanäle füllt, ist zur Hauptsache Unterhaltung und Sport; ihnen werden im bundesdeutschen Schnitt täglich zwei bis drei Stunden Freizeit gewidmet, während Information und Wissensvermittlung mit maximal 26 Prozent nur einen relativ geringen Anteil haben. Geht da nicht das Wesentliche in der

Masse des Unwesentlichen unter? Tritt globale Abstumpfung an die Stelle der so notwendigen Bewusstseinsschärfung?

Viele behaupten, Fernsehen sei ihr wichtigstes Instrument, um Bildung und Wissen zu erlangen. Aber das erweist sich als Illusion. Das Magazin *DER SPIEGEL* untersuchte 1994 die Allgemeinbildung der Deutschen und stellte am Ende lakonisch fest: «Das Ergebnis: Je länger jemand fernsieht, desto geringer ist sein Wissen. Das gilt durchgängig für alle Gebiete, außer für Sport.»[2]

Es scheint also, dass wir auch fünfzig Jahre nach der Einführung des Fernsehens als Massenmedium noch immer nicht gelernt haben, so mit ihm umzugehen, dass es uns wirklich voranbringt. Machen wir etwas falsch? Oder liegt es vielleicht gar nicht an den Benutzern, sondern an der Eigenart des Mediums, dass der Zuschauer sich über seine wahre Situation derartig täuscht? Übt das elektronisch erzeugte Bild, das so anders ist als jedes gemalte oder gedruckte Bild, aber auch als Dia- oder Kinobilder, womöglich einen geheimen Einfluss aus, von dem wir bisher nichts wussten?

Mit heutigen naturwissenschaftlichen Mitteln sollte das leicht zu klären sein. Doch hat sich die Medienwissenschaft um solche Fragen auffällig wenig gekümmert. Sie war bisher fixiert auf Fragen des *Programms*, also der Gestaltung der Sendungen und deren Wirkung auf die verschiedenen Rezipienten, sowie auf soziologische und pädagogische Aspekte der Bildschirmnutzung. Eine unübersehbare Fülle von Veröffentlichungen liegt dazu vor, während sich nur wenige Arbeiten mit der heimlichen Beeinflussung des Zuschauers durch Kameraführung und Schnitttechnik befassen, und noch weniger mit den unbewusst bleibenden *physiologischen Wirkungen* des Bildschirms. Erst jüngst wieder musste der amerikanische Neurophysiologe Keith Buzzel verblüfft feststellen, dass kaum etwas bekannt ist über die biochemischen, endokrinen, neuromuskulären und sensorischen Prozesse, die beim Fernsehen eintreten. Auch von den bildschirmbedingten Vorgängen im Zentralen Nervensystem weiß die Forschung so gut wie nichts.[3]

Das wenige allerdings, was zur physiologischen Wirkung des Fernsehens in der neueren Literatur schon vorliegt, hat so weitreichende Konsequenzen, vor allem auch im Blick auf die Entwicklung des Kindes, dass die Öffentlichkeit unbedingt davon erfahren sollte. Es handelt sich um Fakten, die uns zu einem sehr viel kritischeren, bewussteren Umgang mit dem Fernsehen auffordern, wenn wir sie ernst nehmen.

Freilich fehlte es bisher an einer zusammenhängenden Darstellung, und das mag auch einer der Gründe dafür sein, dass diese Fakten so wenig bekannt sind.[4] Ich habe mich daher bemüht, aus den weit verstreuten, oft sehr speziellen wissenschaftlichen Quellen die wichtigsten Ergebnisse zusammenzutragen und sie mit meinen eigenen, teilweise schon 1995 publizierten Untersuchungen zur Wirkung des Fernsehens auf die Augenbewegungen zu verbinden, sodass sich erstmals ein Gesamtbild der vorliegenden Wirkungen ergibt.

Die physiologisch-menschenkundliche Fragestellung hat in meinem Buch das Hauptgewicht bekommen gegenüber den mehr inhaltlichen, programmbezogenen Fragen, weil ich der Überzeugung bin, dass erst durch die Erforschung der programmunabhängigen Wirkungen des Bildschirms die Basis geschaffen wird für einen wirklich freien, sachgemäßen Umgang mit dem Medium. Denn solange wir nicht durchschauen, was unterhalb der Bewusstseinsschwelle auf rein physiologische Art mit uns geschieht, wenn wir fernsehen, solange beherrschen nicht wir das Gerät, sondern das Gerät uns. Die Freiheit des Benutzers zu stärken muss aber die vordringliche Aufgabe sein. Dazu soll die folgende Darstellung eine Grundlage geben.

Anzumerken bleibt noch, dass ein Teil meiner Ausführungen bereits Eingang gefunden hat in das Heft *fernsehtüchtig oder fernsehsüchtig? Wege zu einem selbstbestimmten Sehen*, das im

13

April 2000 vom Verein für Anthroposophisches Heilwesen (Johannes-Kepler-Straße 56, 75378 Bad Liebenzell) herausgegeben wurde. Damals jedoch konnten viele Einzelheiten und ganze Kapitel aus Platzgründen nicht in die Broschüre aufgenommen werden, und so erscheint das volle Manuskript erst jetzt in diesem Buch, ergänzt durch den Aufsatz «Kindheit verstummt», der 1999 in der Zeitschrift *Erziehungskunst* (Heft 7/8) erschien und in einer Kurzfassung von der Internationalen Vereinigung der Waldorfkindergärten in der Reihe «Recht auf Kindheit – ein Menschenrecht» (Heft 4) verbreitet wird.

Stuttgart, im Mai 2000   *Rainer Patzlaff*

1. Sehen und Fernsehen

Das aktive Auge

Wer ein Gemälde an der Wand betrachtet oder ein Foto in der Illustrierten, ein Dia auf der Leinwand oder ein Cartoon im Comic-Heft, der fühlt sich völlig frei, es nach Belieben zu betrachten, länger oder kürzer zu verweilen, sich beeindrucken zu lassen oder auch nicht; irgendein Zwang geht von dem Bild nicht aus. Daher meinen die meisten Menschen, beim Fernsehbild sei es nicht anders, und sie fühlen sich dort genauso frei. Das aber ist eine Täuschung. Das Fernsehbild übt sogar sehr heftige Zwänge aus, denen sich der Betrachter in keiner Weise entziehen kann, es sei denn, er schaut nicht hin.

Um zu verstehen, welcher Art die Zwänge sind, müssen wir zunächst auf die unbewusste Tätigkeit der Augenmuskulatur beim gewöhnlichen Sehen blicken. Auf diesem Gebiet ist die Sinnesphysiologie der letzten Jahrzehnte zu umwälzend neuen Einsichten gekommen, die auch ein Licht werfen auf die Situation vor dem Bildschirm.

Die noch aus dem 19. Jahrhundert stammende Auffassung, das Sehen sei eine Art fotografischer Vorgang, bei dem die äußere Welt sich wie in einer Kamera auf der Netzhaut abbilde, hat sich als unzulänglich erwiesen. Zwar weist das Auge alle Merkmale einer Kamera auf, doch zum Sehen gehört weit mehr als der optische Apparat. Drastisch trat das zutage, als mithilfe modernster Chirurgie Blindgeborene operiert wurden, sodass ihnen die «Kamera Auge» und das dazugehörige Nervensystem funktionstüchtig zur Verfügung standen: Außer verschwommenen Farbwolken und Helligkeitsunterschieden sahen sie nichts Greifbares. Ein konturiertes, deutliches Erkennen der Objekte – also Sehen im eigentlichen Sinne – war ihnen unmöglich. Auch mühseliges Üben brachte kaum Fortschritte, sodass viele der Patienten, in ihren Hoffnungen aufs bitterste enttäuscht, alle Bemühungen aufgaben, die Seheindrücke ignorierten und sich wieder wie zuvor am Hör- und Tastsinn orientierten; manche begingen in ihrer Verzweiflung sogar Selbstmord.[5]

Die Ursache des Misserfolgs ist der Wissenschaft inzwischen bekannt: Sehen ist kein passiver Vorgang, bei dem die Augen lediglich entgegennehmen, was die Welt ihnen an Lichtreizen zukommen lässt, sondern ein im höchsten Maße aktiver Vorgang. Denn die Bilder von der Welt, die wir auf einen Blick zu haben glauben, müssen in Wirklichkeit durch komplizierte Bewegungen der Augenmuskulatur erst «erarbeitet» werden, bevor sie ins Bewusstsein treten. Das geschieht im Prinzip folgendermaßen:

Zwar ist die ganze Netzhaut (Retina) mit Sinneszellen bedeckt (Stäbchen und Zäpfchen), doch konzentriert sich das Scharfsehen auf eine winzig kleine Stelle am hinteren Augenpol, die *Fovea centralis* (Zentralgrube). Diese Stelle des schärfsten Sehens nimmt nur 0,02 Prozent der Retinafläche ein und erfasst einen Sehwinkel von etwa 2 Grad aus dem rund 200 Grad umfassenden horizontalen Blickfeld. Daher können wir beim Schauen auf unsere Umgebung immer nur einen winzigen Ausschnitt des Ganzen in voller Schärfe sehen, nämlich den, auf den die beiden Augen sich mit ihren Sehachsen fixieren.

Und doch kommen wir zu einem klaren, deutlichen Bild z.B. von einem Haus, indem die Augenmuskeln nacheinander verschiedene Ausschnitte des Gesamtobjekts vor die Fovea rücken. Das geschieht so, dass zunächst irgendein Punkt des Hauses von beiden Augen für Bruchteile einer Sekunde fixiert wird, dann springen die Muskeln mit einer ruckartigen Bewegung (in der Fachsprache *Saccade* genannt) zu einem anderen Punkt des Objekts, der ebenfalls für Sekundenbruchteile fixiert wird, dann folgt eine weitere Saccade zu einem dritten Punkt, und so immer weiter, bis durch die einzelnen Fixationen genügend viele Partien abgetastet sind, um ein deutliches Gesamtbild von dem Objekt zu haben.

Bei ruhiger Betrachtung dauern die einzelnen Fixationen etwa 0,2 bis 0,6 Sekunden, sodass in einer Sekunde etwa 2 bis 5 Saccaden stattfinden;[6] bei schnellerem Blicken werden die Saccaden häufiger, die Fixationszeiten entsprechend kürzer. Erst wenn diese vielen Abtastbewegungen stattgefunden haben, «sehe» ich, was vor mir liegt. Das Bild, das jetzt in mein Bewusstsein tritt, ist genauso ruhig und unbewegt, wie es das eben fertig gestellte Bild eines Malers auf der Staffelei ist. Doch hat der Maler Tausende von Handbewegungen ausführen müssen, bevor das Resultat zu sehen ist, und genauso waren meine Augenmuskeln in lebhaftester Tätigkeit, bevor ich vermeintlich «mit einem Blick» das ganze Haus scharf und klar vor mir habe. Was ich da sehe, ist nicht ein Foto von der Welt, sondern ein von mir selbst aktiv geschaffenes Bild.

Vom Ich willentlich geführt

Auch wenn uns die raschen Augenbewegungen beim Sehen nicht bewusst werden, so sind sie doch mit der eigenen Persönlichkeit verknüpft. Sie folgen nämlich nicht einem starren, bei allen Menschen wiederkehrenden Schema, sondern verlaufen höchst individuell. Auch beim einzelnen Individuum selbst variieren sie, je nachdem, was es zu sehen gibt und was man sehen möchte. Freilich hat jeder auch seine Sehgewohnheiten, und wenn er keine besonderen Anstrengungen unternimmt, überwiegen die eingeschliffenen Gewohnheiten, die sich in typischen Blickverläufen niederschlagen.

Man kann den Gang der Augen beim Mustern eines Gegenstandes sichtbar machen mithilfe von speziellen Geräten, die den Weg von Fixation zu Fixation aufzeichnen, sodass eine Art

Spurenzeichnung entsteht. Zeigt man dann einer Versuchsperson z.B. ein Porträtfoto (siehe Abb. 1), sieht man an der Aufzeichnung, dass Augen und Mund viele Male fixiert wurden, weniger aussagekräftige Partien des Bildes, wie z.B. die Silhouette, dagegen nur beiläufig.[7] Auffällig ist auch, dass die (von der abgebildeten Person aus gesehen) rechte Gesichtshälfte weitaus häufiger betrachtet wurde als die linke: Hier ist das Spiel zwischen Licht und Schatten deutlich abwechslungsreicher und dramatischer. Hinzu kommt, dass im gewöhnlichen Leben beim Anschauen von Gesichtern ohnehin die rechte Gesichtshälfte, wie die Forschung herausgefunden hat,[8] in der Regel fast doppelt so häufig angeschaut wird wie die linke; sie ist nämlich bei den meisten Menschen charaktervoller und ausdrucksstärker! Wir sehen daran, dass der Blickverlauf keineswegs schematisch vonstatten geht, sondern sich ganz nach dem richtet, was für den Betrachter von *Bedeutung* ist, weil es ihm etwas sagt. Sein *Interesse* ist es, das die Augen lenkt.

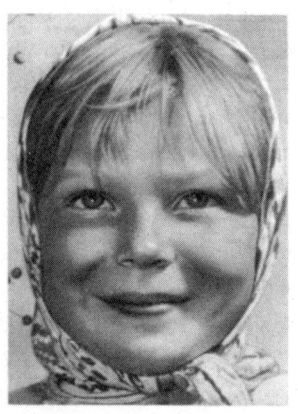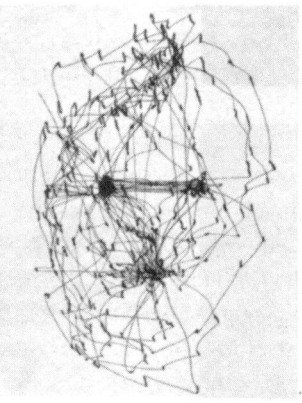

Abbildung 1: Links ein Foto, das mehrere Minuten betrachtet wurde. Rechts die Aufzeichnung des Blickverlaufs: Die Sprünge von einem Fixationspunkt zum nächsten sind mit Linien markiert (nach Yarbus 1967).

Das *Interesse* kann *von außen* erregt werden durch das, was an dem Gegenstand zu sehen ist, kann aber auch von innen her *willentlich* auf bestimmte Einzelheiten gelenkt werden. Yarbus präsentiert dazu in seinem grundlegenden Buch folgenden Versuch:[9] Er zeigte seinen Versuchspersonen ein Gemälde, auf dem in einer Wohnung mehrere Menschen zu sehen sind, die einen unerwarteten Besucher empfangen. Fragte er die Probanden nun nach dem Alter der dargestellten Personen, dann musterten ihre Augen, wie die Blickaufzeichnung ergab, intensiv die einzelnen Gesichter; wurde nach den materiellen Verhältnissen der Familie gefragt, dann wanderten die Blicke hauptsächlich zu den Möbeln, zu den Bildern an der Wand usw.; ging es um die Kleider, wurden diese ausführlich erkundet. Auf die Frage aber, wie lange der Gast wohl schon fortgewesen sei, eilten die Blicke fast ausschließlich zwischen dem Gesicht des Gastes und den überraschten Gesichtern der Familie hin und her. Denn wo sonst sollte die Antwort gefunden werden, wenn nicht im Mienenspiel und der Kopfhaltung der beteiligten Personen?

Man spricht hier von *intentionalem Sehen*, und diese Fähigkeit ist nicht etwa angeboren, sondern wird durch jahrelange Lernprozesse erworben. Wir trainieren sie unbewusst vom frühesten Kindesalter an, und der Erwachsene kann sie bewusst erweitern und vertiefen, wenn er seinen Blick schult.

Wie sich eine systematische Schulung des Auges im gewohnheitsmäßigen Blickverhalten niederschlägt, hat eine Forschergruppe 1995 eindrucksvoll demonstriert: Einer Gruppe von berufsmäßigen Malern, einer Gruppe von Kunstsachverständigen und einer Gruppe von Laien, die auf dem Gebiet keinerlei Erfahrung hatten, wurde eine Serie von Gemälden gezeigt, zuerst konkrete, dann abstrakte Gemälde. Die Laien verhielten sich vor den abstrakten Bildern nicht anders als vor den konkreten: Kleinschrittig vorgehend, versuchten sie die Einzelheiten zu mustern, um etwas Bekanntes zu finden. Maler und Kunstkenner dagegen schlugen schon bei den konkreten, erst recht aber bei den abstrakten Bildern einen ganz anderen Weg ein: Mit großen Saccaden machten sie sich sofort an eine globale Erkundung des Gemäldes, ordneten die Einzelheiten immer in das Ganze ein und bewiesen durch verlängerte Fixationszeiten eine viel größere Intensität der Betrachtung.[10]

Hier sahen also buchstäblich zwei das Gleiche und sahen doch nicht das Gleiche. Die Art des Sehens wird bestimmt von dem Vorwissen, das man sich erworben hat. So leben im Sehvorgang einerseits die Früchte früherer Willensanstrengungen als erworbene Gewohnheit, andererseits aber auch der aktuell wirkende Wille, etwas Bestimmtes herausfinden zu wollen.

Diese Willenskräfte gehen vom innersten Kern der Persönlichkeit aus, sind Ich-Substanz (wobei «Ich» hier nicht im alltäglichen Sinne gemeint ist als Bewusstsein vom eigenen Selbst, sondern im höheren Sinne als die in uns wirkende, bis in die unbewussten Organprozesse hinein prägende Persönlichkeitskraft). Wir kommen also zu dem Ergebnis: Die unbewussten Augenbewegungen sind mittelbarer und unmittelbarer Ausfluss der freien, aktiven Ich-Tätigkeit.

Fernsehbilder sind keine gewöhnlichen Bilder

Die meisten Benutzer halten das Fernsehbild für ein Bild wie jedes andere – ein folgenschwerer Irrtum, wie die nächsten Abschnitte zeigen werden. Während Kino- und Diaprojektoren vollständige Bilder auf die Leinwand werfen, vermag die im Fernsehgerät verwendete Elektronenröhre (nach ihrem Erfinder auch Braunsche Röhre genannt) grundsätzlich kein vollständiges Bild zu erzeugen. Es gibt in ihr nur einen einzigen, von der Kathode ausgehenden Elektronenstrahl, der beim Aufprall auf die Mattscheibe einen winzigen Leuchtpunkt erzeugt. Dieser eine Leuchtpunkt wird mithilfe von Ablenkspulen

Schritt um Schritt über die gesamte Schirmfläche geschickt, wobei er einem festgelegten Rastersystem folgt, das aus 625 Zeilen zu je 833 Bildpunkten besteht (so die europäische Norm).

Während seines Durchgangs durch das Raster reproduziert der Elektronenstrahl Punkt für Punkt den von der Fernsehkamera vorgegebenen Farb- und Helligkeitswert, sodass in einer Art Mosaik das Bild aus 625 · 833 Einzelpunkten zusammengesetzt wird. Das alles vollzieht sich mit unvorstellbarer Geschwindigkeit: Die 520 625 Rasterpunkte bedient der Leuchtstrahl 25mal in der Sekunde, das bedeutet eine Leistung von rund 13 Millionen Punkten pro Sekunde!

Konkret ist es allerdings so, dass zwar 25 Bilder pro Sekunde gesendet werden, jedoch jedes Bild in zwei Raten oder Teilbildern (siehe Abb. 2): Zuerst schreibt der Elektronenstrahl von oben nach unten alle ungeradzahligen Zeilen auf den Schirm, dann in einem zweiten Durchgang alle geradzahligen Zeilen. Statt 25 Ganzbildern werden also 50 unvollständige Bilder dargeboten, von denen jedes $1/_{50}$ Sekunde benötigt.

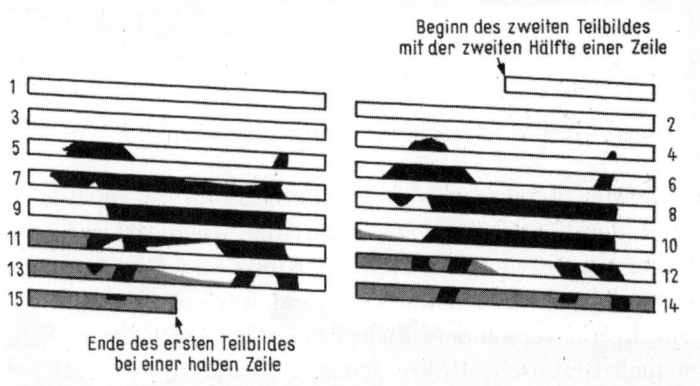

Abbildung 2: Zeilenweise Übertragung eines Fernsehbildes in zwei Teilbildern, zuerst die ungeradzahligen Zeilen, dann die geradzahligen. (Schematische Darstellung von O. Liman, 1976.)

Zwangsbeschuss der Netzhaut

Wie reagieren nun die Augen auf ein so künstliches, fortwährend unvollständiges Bild? Nicht anders als bei einem Dia oder einem Gemälde versuchen sie das Fernsehbild mit raschen Abtastbewegungen zu erkunden, um sich einen Gesamteindruck zu verschaffen. Sie fixieren also irgendeinen auffälligen Punkt, um ihn genauer zu mustern, doch ehe die Fixation überhaupt beginnen kann, ist der Elektronenstrahl längst weiter geeilt, die von ihm erregten Leuchtflecken verglimmen und sind im Nu verschwunden. Hier gibt es also nichts abzutasten. Daher springen die Augen mit einer Saccade zu einem anderen Fixationspunkt, setzen zu einem weiteren Versuch an – und scheitern erneut: Was eben noch hell leuchtend hervorstach, zerrinnt im nächsten Moment zu konturlosen Schatten. Und so geht es fort: Die Augen können springen, wohin sie wollen, nirgends finden sie ein bleibendes Objekt, das sich abtasten ließe. Der rasende Leuchtpunkt ist stets schneller.

Selbst wenn sich die Augen mit einer sehr kurzen Fixationszeit von 120 Millisekunden begnügen würden, hätte der Kathodenstrahl in dieser Zeit bereits sechs Teilbilder bzw. drei vollständige Bilder auf die Netzhaut geworfen. Bevor also die Augen Gelegenheit hatten, sich durch eigene Bemühung ein Bild zu verschaffen, ist das vom Kathodenstrahl gezeichnete Mosaikbild längst auf der Netzhaut angekommen, und dort hat es längeren Bestand als auf dem Bildschirm, weil die Netzhaut zu träge ist, um dem rasenden Lichtpunkt folgen zu können. Das vollständige, gleichmäßig ausgeleuchtete Bild, das wir auf dem Schirm zu sehen glauben, existiert in Wahrheit nur auf der Netzhaut.

Indessen ist hier mit einem gewichtigen Einwand zu rechnen: Man könnte sagen, hier werde fälschlich davon ausgegangen, dass der vom Kathodenstrahl erzeugte Leuchtpunkt praktisch sofort wieder erlischt, während doch in Wirklichkeit der Nachleuchteffekt so stark sei, dass er die Zeit bis zum nächsten Durchlauf des Kathodenstrahls überbrücken könne. – Das ist nur bedingt richtig. Ich zitiere dazu aus einem Fachbuch: «Die vom Strahl getroffene Stelle des Bildes soll kurze Zeit aufleuchten, damit ein geschlossenes Bild aus allen Leuchtpunkten zustande kommt. Andererseits darf die Nachleuchtdauer nicht größer sein als $1/_{50}$ Sekunde, weil nach dieser Zeit der nächste Bildpunkt eintrifft und sonst bei schnellen Bewegungen das Bild ‹verschmiert› wird.»[11]

Man muss dazu wissen, dass eine vom Kathodenstrahl getroffene Stelle ihr Licht nicht geradlinig zum Zuschauer aussendet, sondern nach allen Seiten, sodass z.B. in einer ungeradzahligen Zeile um den eigentlichen Leuchtpunkt herum ein «Hof» entsteht, der auch in die benachbarten geradzahligen Zeilen hineinreicht. Da aber der Strahl beim Aufbau des zweiten Teilbildes schon nach $1/_{50}$ Sekunde durch diese geradzahligen Nachbarzeilen wandert, würde es zu keiner sauber gekörnten Zeichnung kommen, wenn er nicht auf völlige Dunkelheit trifft.

Das Teilbild verglimmt also bereits, noch während es gezeichnet wird; wenn der Strahl bei den letzten Rasterpunkten ankommt, sind die ersten längst erloschen. Somit bleibt es dabei, dass die Augen auf dem Schirm zu keiner Zeit ein vollständiges Bild vorfinden, das sie in der gewohnten Weise abtasten könnten, sondern immer nur ein schemenhaft verschwimmendes Gebilde, das kaum einen eigenen Zugriff erlaubt.

Der gefrorene Blick

Wenn wir den Farbdruck z.B. eines Gemäldes betrachten, dann blicken wir ebenfalls auf Tausende winziger Rasterpunkte. Die aber behalten, während der Blick auf sie fällt, unverändert ihre Farbkraft, Helligkeit und Schärfe. Nun stelle man sich einen

Kunstdruck vor, der bis zur Unkenntlichkeit verblasst, sobald sich der Blick des Betrachters auf ihn richtet: Die Augen könnten sich noch so bemühen – immer wenn sie eine bestimmte Stelle fixieren wollen, sind dort die Rasterpunkte gerade dabei, sich in nichts aufzulösen. Nur ein höchst verwaschener Eindruck wäre so zu gewinnen.

In eben dieser Situation sind die Augen vor dem Fernseher: Wohin sie sich auch richten, immer entzieht sich das Bild ihrem Zugriff. Nur stehen wir hier vor dem kuriosen Phänomen, dass die bleibenden Rasterpunkte, die das Auge auf der Mattscheibe vergebens sucht, sich auf der Netzhaut einstellen – jedoch unter weitgehender Ausschaltung der eigenen Augenaktivität.

Dazu kommt ein völliger Stillstand der Akkomodationsbewegungen, also jener Drehungen der Augäpfel, mit denen der Kreuzungswinkel zwischen den Sehachsen immer neu den sich ändernden Entfernungen angepasst wird, wie es z.B. bei einer Theateraufführung nötig wäre, um die verschieden weit entfernten Personen und Kulissen scharf zu sehen. Beim Fernsehen bleibt die Entfernung zum Bildschirm immer gleich, und so wird die einmal eingestellte Augenhaltung bewegungslos festgehalten, solange der Blick auf die Mattscheibe gerichtet bleibt.

Was aber geschieht nun, wenn die Abtastbemühungen fortwährend ins Leere greifen und sich das Rasterbild auch ohne sie auf der Netzhaut einstellt? Die sonst so lebhafte Augentätigkeit ist sinnlos geworden und weicht einer hochgradigen Passivität. Der Blick erstarrt zu dem bekannten Fernseh-Blick. Nicht zu Unrecht hat der Volksmund das Gerät, das eine so widernatürliche Sehhaltung erzwingt, «die Glotze» genannt. Jedoch ist es ein Irrtum zu meinen, das Glotzen sei eine Schwäche des Zuschauers; der glotzende Blick wird durch die Technik der Bilderzeugung, die im Fernsehgerät Verwendung findet, vom ersten Augenblick an erzwungen, und niemand kann sich diesem Zwang entziehen.[12]

Verständlicherweise wehrt sich das Bewusstsein des Fernsehkonsumenten gegen solche Erkenntnisse, weil er doch an sich selbst gar keine Veränderungen bemerkt und sich nach wie vor für völlig frei und aktiv hält. Leider aber beweisen die bisher vorliegenden Untersuchungen das Gegenteil:

Eine amerikanische Forschergruppe untersuchte 1979 die Zahl der Saccaden beim Fernsehen und stellte eine massive Verringerung der Augenaktivität fest: Während einer 15minütigen Fernsehsitzung (Thema war eine Hollywood-Show) fanden bei allen Versuchspersonen in einem Zeitraum von 20 Sekunden nur 5 bis 7 Saccaden statt.[13] Verglichen mit den 2 bis 5 Saccaden pro Sekunde beim freien Umherblicken in einer natürlichen Umgebung (was in 20 Sekunden eine Frequenz von 40 bis 100 Saccaden ergeben würde) bedeutet das einen Rückgang um durchschnittlich 90 Prozent.

Ein weiteres Indiz für erheblich verringerte Aktivität vor dem Fernseher ergibt sich aus der Pupillenweite, die in der Forschung als Anzeiger für den Grad der Gehirnaktivität («cortikale Aktivierung») und der Wachheit gedeutet wird. Rossiter fand 1980 beim Präsentieren desselben Films in derselben Bildgröße und Helligkeit eine «signifikant geringere Pupillenöffnung», wenn der Film nicht mit Projektor auf einer Leinwand, sondern auf dem Bildschirm gezeigt wurde.[14]

Im Übrigen erzwingt das Fernsehen schon äußerlich eine doppelte Reduzierung der natürlichen Sinnestätigkeit: Zum einen bringt es die Akkommodation der Augen zum völligen Stillstand, da sich die einmal eingestellte Entfernung zum Bildschirm während des Sehvorgangs nicht ändern darf. Zum andern schränkt es das Blickfeld dauerhaft auf einen winzigen Ausschnitt ein. Denn beim normalen Betrachten der Umwelt steht den Augen in der Horizontalen ein Sehraum von 200 Grad offen, in dem sie sich frei bewegen können. Blickt man hingegen aus der üblichen Entfernung auf einen Fernsehbildschirm mittlerer Größe (12x16 Zoll), verengt sich das Wahrnehmungsfeld auf 6 bis 7 Grad, wird also um 97 Prozent reduziert.[15] Selbst ein Buch bietet dem Auge beim Lesen noch ein fünfmal so großes Feld. Und in den verbliebenen 6 bis 7 Grad hat das Auge, wie wir sahen, nicht einmal die Freiheit, sich nach eigenem Belieben zu bewegen.

Geht aber die Augenaktivität gegen Null, überträgt sich die Starre der Augen auf den ganzen Körper, und selbst bewegungsfreudigste Kinder sitzen stundenlang still. Ärzte nennen das *Bewegungsstau* – eine grob verharmlosende Formulierung, die uns fragen lässt, ob hier nur Gedankenlosigkeit oder bewusste Irreführung vorliegt. Denn das Problem liegt doch nicht im Stillstand der Muskeln, sondern im Stillstand des Willens, der die Muskeln lenkt. Was hier geschieht, ist nichts Geringeres als ein Angriff auf die Willenskräfte des Menschen, von denen alle Eigenaktivität ausgeht. Aktivitätsverhinderung findet statt, *Willensstau,* und damit auch eine Ich-Verhinderung.

Der Alphazustand

Die augenlähmende Wirkung, die vom Fernsehgerät ausgeht, schlägt sich in einer messbaren Veränderung der Hirnstromtätigkeit nieder, die erst 1970 entdeckt wurde. Damals nämlich widmete sich zum ersten Mal ein Forscher der Frage, welche elektrophysiologischen Potenzialveränderungen im Gehirn unter dem Einfluss des Fernsehens stattfinden. Als Instrument stand dazu seit langem die Elektroenzephalographie (EEG) bereit, und es war inzwischen auch schon in Umrissen bekannt, dass die unterschiedlichen Schwingungsrhythmen des EEG mit verschiedenen Wachheits- und Entspannungszuständen korrelieren. So wusste man z.B., dass im Dunkeln und bei geschlossenen Augen die relativ langsamen Alphawellen (8-13 Hz) vorherrschend sind, die jedoch beim Augenöffnen oder im

Hellen sofort von den viel schnelleren Betawellen (14-30 Hz) zurückgedrängt werden, die als Indikator für Wachheit und visuelle Aufmerksamkeit gelten.

Herbert E. Krugman untersuchte 1970, welche Veränderungen sich im EEG zeigen, wenn eine Versuchsperson vom Lesen zum Fernsehen übergeht. Schon seine ersten Messungen ergaben, was sich später immer wieder bestätigte: Vor dem Fernseher nehmen die Betawellen stark ab, die Alphawellen werden dominant. Es tritt also beim Fernsehen der so genannte «Alpha-Zustand» ein. Was aber bedeutet das?

Vermehrtes Auftreten von Alphawellen wird in der Forschung allgemein als Anzeichen für verringerte visuelle Aufmerksamkeit bewertet. Krugman sprach daher beim Fernsehen von einem «low involvement», einem passiven Lernen ohne Anteilnahme.[16] Jedoch hat sich durch eine Reihe weiterer Untersuchungen inzwischen ein sehr viel differenzierteres Bild ergeben, das für unsere Fragestellung aufschlussreich ist.

Alphawellen, so hat sich gezeigt, müssen nicht notwendig mit Passivität verbunden sein, sondern können auch aktiv erzeugt werden, z.B. in einer Meditation: Die bei geschlossenen Augen ohnehin auftretenden Alphawellen nehmen in dem Maße zu, wie es dem Meditierenden gelingt, sich von allen Sinneseindrücken zu lösen und das Bewusstsein ganz nach innen zu wenden.[17] Daher ist es kein Widerspruch, wenn in bestimmten Situationen auch bei geöffneten Augen vermehrt Alphawellen auftreten. Das ist z.B. der Fall, wenn jemand seinen Tagträumen nachhängt und vor sich hin «döst». Da sind die Augen zwar der Welt zugewendet, als ob sie auf etwas blicken wollten, aber der Blick ist starr, keine Aktivität lebt in ihm, weil die gesamte Aufmerksamkeit abgezogen ist und sich auf die Bilder und Vorstellungen richtet, die im Inneren aufsteigen. Dieser Zustand hat eine Nähe zur Trance.[18]

Der Forscher Mulholland hat nun herausgearbeitet, dass im EEG die schnellen Betawellen immer dann die Alphawellen stark zurückdrängen, wenn ein bewusstes Erkunden und Abtasten der Umgebung stattfindet, indem die Augen ständig neu fixieren und akkommodieren. Verlieren die Augen aber den Sehgegenstand oder geben ihn auf, aus welchen Gründen auch immer, dann kehren die Alphawellen zurück.[19]

Wir sehen daran, dass es auf den Wahrnehmungs-*Willen* ankommt, mit dem in die Welt hinausgeblickt wird: Wenn diese gerichtete Willenskraft die Augenmuskeln ergreift und auf einzelne Gegenstände lenkt, dann herrscht jene visuelle Aufmerksamkeit, die sich im EEG durch einen hohen Anteil von Betawellen auszeichnet. Zieht sich der Sehwille aber aus den Augen zurück, weil man sich entspannt oder das Bewusstsein ganz von inneren Bildern und Tätigkeiten in Anspruch genommen ist, dann treiben die Augenbewegungen führerlos umher, der Blick bekommt etwas Starres und Dumpfes.

In genau dieser Lage sind die Augen vor dem Fernseher: Die Fernsehbilder entstehen, wie wir sahen, vollständig erst im Körperinneren, auf der Netzhaut, nicht auf dem Schirm, auf dem die Augen sie suchen. So kommt es zu der außergewöhnlichen Situation, dass der Blick ständig nach außen auf den Schirm fixiert bleiben muss, zugleich aber die Augenbewegungen vom Sehwillen verlassen werden, weil die eigentlichen Bilder gar nicht draußen zu finden sind.[20]

Anders als bei der Meditation werden diese Bilder nicht aktiv erzeugt, sondern vom Kathodenstrahl auf die Netzhaut geschossen. Und doch werden sie so erlebt, als habe man sie wie bei einer regulären Sinneswahrnehmung durch eigene Willensanstrengung erworben. Man fühlt sich völlig wach und steht nichtsdestoweniger im Bann des Bilderstroms, der durch den willenlos gewordenen, hohlen Blick wie durch eine Pipeline auf die Netzhaut fließt.

Dieser außengesteuerte Zustand zwischen Wachen und Schlafen ist wohl am ehesten mit einer Hypnose vergleichbar, jenem Ausgeliefertsein an einen fremden Willen, gegen das sich der

Betroffene gar nicht wehren kann. Tatsächlich zeigt das EEG während der Hypnose ganz ähnliche Symptome wie beim Fernsehen.[21]

Weniger Kalorienverbrauch als beim Nichtstun

Gleichzeitig mit dem hypnoseähnlichen Wachtraum findet vor dem Bildschirm noch ein anderer Prozess statt, der erst vor wenigen Jahren entdeckt wurde. Nachdem sich in den USA die Erkenntnis durchgesetzt hatte, dass die epidemisch zunehmende Fettleibigkeit von Kindern und Jugendlichen in einem ursächlichen Zusammenhang mit der Höhe des Fernsehkonsums steht, stellten sich amerikanische Forscher 1992 erstmals die Frage, wie sich Fernsehen eigentlich auf den Stoffwechsel des Zuschauers auswirkt. Sie untersuchten 31 Mädchen im Alter zwischen acht und zwölf Jahren, von denen 16 normales Gewicht und 15 Übergewicht hatten, in bequem zurückgelehnter Lage auf einem Ruhebett. Zunächst wurde der so genannte Grundumsatz gemessen (Energiemenge, die im Ruhezustand zur Aufrechterhaltung der Körperfunktionen verbraucht wird), um dann zu beobachten, wie sich der Grundumsatz während einer 25minütigen Fernsehdarbietung vor oder nach einer genauso langen Ruhezeit ändert. (Gezeigt wurde der populäre Film *The Wonder Years.*)

Dass der Kalorienverbrauch während der Ruhezeit etwas geringer sein würde als bei der Ausgangsmessung, war zu erwarten. Nicht vorauszusehen aber war, dass die Ruhewerte dramatisch absanken, sobald der Fernseher eingeschaltet wurde. Bei allen Kindern wurde eine Verringerung des Grundumsatzes um rund 12 bis 16 Prozent gegenüber dem Ausgangswert gemessen, im Schnitt knapp 14 Prozent.[22] Mit anderen Worten: Obwohl sich der Körper schon vor dem

Fernsehen im Zustand absoluten Nichtstuns befand, sank der Kalorienverbrauch durch den Blick auf die Mattscheibe nochmals, und diesmal erheblich, ab.

Demnach werden bei einem Fernsehabend weit weniger Kalorien verbrannt als beim absoluten Nichtstun, gleichzeitig aber greift man gerne zu äußerst kalorienhaltigen Snacks und Süßigkeiten. Da ist es kein Wunder, dass die Fettsucht grassiert. Und noch eine schlechte Nachricht für Übergewichtige: Bei dem Experiment waren die übergewichtigen Mädchen ungleich stärker vom Rückgang des Kalorienverbrauchs betroffen als die schlanken Altersgenossinnen. Auf dem Bildschirm aber wird ihnen in unzähligen Werbespots der Mund wässrig gemacht nach fettreichen und überzuckerten Leckereien – und so potenziert sich der Effekt. Wir werden auf das Problem der grassierenden Fettsucht im zweiten Kapitel noch zu sprechen kommen (s. S. 57).

Der Bildschirm versetzt also nicht nur das Bewusstsein in einen Dämmerzustand zwischen Schlafen und Wachen, sondern auch den gesamten Stoffwechsel des Menschen. Dazu paßt der Bericht von Bodanis, dass sich vor dem Fernsehgerät der Herzschlag um 10 Prozent vermindert, also um etwa sieben Schläge pro Minute, in der Stunde um 420 Schläge.[23] Außerdem deuten erste Untersuchungen mit dem PET (Position Emission Tomography) darauf hin, dass wohl auch der Stoffwechsel des Gehirns von diesen Veränderungen nicht ausgenommen ist.[24] Wohl kaum einer der bisherigen Benutzer hat geahnt, dass der Bildschirm so tief in die Physiologie des eigenen Körpers eingreift, wie es sich jetzt herausstellt, nachdem man endlich begonnen hat, die Zusammenhänge zu untersuchen.

Die Blickmarionette

Das Erstarren der Augenbewegungen, der massive Rückgang der Betawellen im EEG, das Absacken der Stoffwechsel-Rate, die Verringerung der Herzfrequenz – das alles sind Anzeichen einer gewaltsamen Dämpfung der Eigenaktivität, die das Bewusstsein eigentlich sehr rasch in einen Dämmerzustand nahe dem Einschlafen führen müsste. Und das würde wohl auch eintreten, würde dem nicht von der Programmseite her entgegengewirkt. Seit es das Fernsehen gibt, stehen die Produzenten unter dem Zwang, immer aufs Neue die Aufmerksamkeit stimulieren zu müssen, um den Zuschauer wach zu halten. Häufige Schnitte, Um- und Überblendungen, Kameraschwenks und Zoombenutzung, Standort-, Situations- und Szenenwechsel sind dazu die probatesten Mittel. Sie sorgen dafür, dass der Zuschauer schwerelos wie im Traum durch Raum und Zeit gleiten kann, einmal aus der Vogelperspektive blickend, ein andermal aus der Froschperspektive, hier verweilend und dort verweilend, Einzelheiten fixierend, dann wieder ins Weite schweifend und so weiter.

Ein Traum ist es in der Tat. Denn faktisch rührt sich der Blick des Zuschauers nicht von der Stelle, und den willentlichen Griff in die Welt hinaus vollführt jetzt die Kamera. An ihrer Blickführung hängt das starr gewordene Auge wie die Marionette am Faden. Freilich wird das nicht bemerkt. Denn mit der gleichen Leichtigkeit und Freiheit, mit der sich das Auge außerhalb des Bildschirms nach allen Seiten wendet, wird es auch von der Kamera durch die Welt geführt; man muss nicht einmal den Kopf bewegen. Das aber heißt: Der Sehwille wird an die Maschine abgegeben, und die gaukelt der Marionette vor, es sei ihr eigener Wille, der hier tätig ist.

Illusion von Eigenaktivität

Systematische Untersuchungen über die Häufigkeit der Bild-
schnitte, Kameraeinstellungen, Zooms und Schwenks in Fern-
sehproduktionen wurden bisher nicht gemacht, wohl aber
Stichproben, und die geben Aufschluss, um welche Größenord-
nung es sich dabei handelt: Als durchschnittliche Schnitthäufig-
keit wurden je nach Genre zwischen 2 und 5 Sekunden ermit-
telt.[25] Objektiv ist das eine erstaunlich rasche Abfolge, subjektiv aber erlebt der Zuschauer sie als ganz normal; ihm fällt die
Schnelligkeit der Wechsel gar nicht auf. Diese Beobachtung gibt
Anlass zu der Frage, wie lange die Augen in natürlicher Umgebung maximal auf einem Fixationspunkt verweilen können,
bevor sie zum nächsten weiterspringen: In den Fachbüchern
schwanken die Angaben dazu zwischen 2 und etwa 4 Sekunden.[26] Die Übereinstimmung mit der Schnittfrequenz des
Fernsehens ist frappant.

Daraus folgt: Die Bildschirmregie des Fernsehens imitiert – ob
bewusst oder nicht, mag dahingestellt sein – die natürliche
Häufigkeit der Augenbewegungen durch ebenso häufige
Schnitt- und Einstellungswechsel. Daher bleibt es unbemerkt,
wenn der Zuschauer die Regie von außen für seine eigene hält. Er
verwechselt die aufgezwungene Blickführung mit freier Willens-
betätigung und erliegt der Illusion, ganz wach und autonom zu
sein – die Marionette vergisst die Fäden, an denen sie hängt.

Die fehlende Halbsekunde

Eine Weile vermag die Bildschirmregie mit solchen Mitteln die
Aufmerksamkeit wach zu halten. Da jedoch vom Zuschauer
keinerlei eigene Blickaktivität verlangt wird, ja sogar unmöglich
gemacht wird, gewöhnt er sich sehr bald an diesen paradoxen

Zustand, der ihm bei völliger Untätigkeit die lebhafteste Bilder-fülle beschert, und so erlahmt die Aufmerksamkeit nur zu rasch. Daher sehen sich die Fernsehproduzenten gezwungen gegenzusteuern, indem sie immer häufigere Bildwechsel, ab-rupte Übergänge, unvermutete Perspektivwechsel usw. einset-zen. Dadurch aber stellt sich ein Effekt ein, den die Medien-wissenschaftlerin Hertha Sturm als «fehlende Halbsekunde» bezeichnet hat.[27]

Damit ist Folgendes gemeint: In Alltagssituationen bleibt «dem Wahrnehmenden fast durchgängig eine gewisse, wenn oft auch nur kurze, Zeitspanne zur Verfügung zwischen Erwartung eines Ereignisses und dessen Eintreffen. Dies gilt für Gesprächs-situationen ebenso wie für Handlungssituationen.» Wenn bei-spielsweise jemand anruft, fällt er in der Regel nicht gleich mit der Tür ins Haus, sondern nennt erst einmal seinen Namen und be-grüßt den Angerufenen, und der hat dadurch einen Moment Zeit, sich auf den Anrufer innerlich einzustellen. Selbst bei brenzligen Situationen im Straßenverkehr bleibt meist noch eine Halb-sekunde Zeit, die drohende Gefahr zu erkennen und sich auf eine angemessene Reaktion vorzubereiten. Sturm nannte 1984 diesen zwischen zwei Situationen eintretenden Akt der Bewusstwer-dung, der gedanklichen Vergewisserung, die sich auch in Worten ausdrücken ließe, die «innere Verbalisierung».

«Dagegen die Fernsehwahrnehmung: Hier stehen solche Halbsekunden zum Einbringen eigener Erfahrungen und Er-wartungen nur selten zur Verfügung. Da lässt sich zumeist nicht vorhersagen, was das nächste Bild sein wird, auf das man sich wahrnehmungsmäßig einzulassen hat. Denn die formalen me-dienspezifischen Angebotsweisen (also die Schnitte, Schwenks und Zooms, die Kamera- und Mikrofonwechsel, die Um- und Überblendungen, die Umsprünge von Bild auf Wort und von Wort auf Bild) führen sehr oft zu unvorhersehbaren Standort-, Situations- und Szenenwechseln. Das aber meint: die Halb-sekunden zum Einbringen eigener Erfahrungen und Erwartungen sind nicht gegeben. Diese Standort-, Situations- und Szenenwechsel sind schlicht zu schnell. (...) Die benannte fernsehspezifische Schnelligkeit und Rasanz bedeutet den weitgehenden Verzicht auf eine besondere Zuschaueraktivität – ich habe sie zunächst als Verlust der ‹inneren Verbalisierung› bezeichnet und spreche heute weitergehend vom Verlust der ‹inneren Aktivitäten›.»[28]

Das aber, so moniert die Autorin, werfe den Zuschauer auf ein frühkindliches Stadium zurück, in welchem das begriffliche Erfassen der Welt noch unausgebildet ist. Sie fordert daher eine «zuschauerfreundliche Mediendramaturgie», die Zeit lässt für die notwendigen Pausen und Übergänge zwischen den einzelnen Situationen, und sieht das als eine Notwendigkeit, «wenn der Rezipient nicht auf einer Entwicklungsstufe festgehalten werden soll, der er, als Jugendlicher und Erwachsener, längst entwachsen sein sollte».

Allerdings ist nicht zu erkennen, dass dieser von Sturm wiederholt vorgetragene Appell irgendetwas bewirkt hätte. Sie hat ja selbst ganz richtig festgestellt, dass es sich bei der atemlosen Rasanz um ein *Spezifikum* des Fernsehens handelt, um einen Effekt also, der sich geradezu zwingend aus dessen immanenten Gesetzmäßigkeiten ergibt. Und ebenso zwingend wie der Verlust der äußeren Aktivität des Zuschauers ist auch der *Verlust der inneren Aktivitäten*, den sie beklagt.

Der Bildschirm als Drogenproduzent

Es ist völlig berechtigt, wenn Sturm anmerkt, dass die Überrumpelung des Zuschauers mit übergangslosen Szenenwechseln und abrupten Bildveränderungen keineswegs notwendig ist; eine bewusst geführte Bildschirmregie könnte sehr wohl für gleitende Übergänge, Pausen und Halbsekunden sorgen, wenn sie wollte. Nur ist damit das entscheidende Problem der Fernsehproduzenten nicht gelöst: das Problem der immer wieder erlahmenden Aufmerksamkeit, das dem Medium als solchem eigen ist, unabhängig von einer noch so guten Mediendramaturgie. Daher ist es verständlich, dass die Entwicklung konsequent in die Gegenrichtung führt, hin zu noch mehr und noch heftigeren Überrumpelungen des Zuschauers.

Verstärkt wurde dieser Trend durch die Werbeforschung, die schon seit den sechziger Jahren ein besonders drastisches Mittel kennt, Aufmerksamkeit zu erzwingen: Man wendet sich an einen uralten, tief in den unbewussten Schichten des Gehirns verankerten Reflex, der in natürlichen Situationen für gesteigerte Aufmerksamkeit sorgt, sobald ein unerwartetes Geräusch ertönt oder am Rande des Sehfeldes sich plötzlich etwas bewegt. Solche überraschenden Änderungen ziehen sofort die volle Wachheit auf sich, denn sie signalisieren eine mögliche Gefahr. Daher aktiviert der Körper seine Kräfte für eine eventuell notwendige Flucht oder Ausweichbewegung, indem er schlagartig *Kortisol* ausschüttet, ein Hormon der Nebenniere wie auch das Adrenalin.

Dieser von der Natur für den Notfall eingerichtete «Drogen»-Schuss tritt nun auch vor dem Bildschirm ein, sobald ein unerwarteter Wechsel in der Blickführung eintritt, und er tritt umso heftiger ein, je abrupter der Wechsel ist. Anders aber als in natürlichen Situationen ergreift der Zuschauer nicht die Flucht, sondern lehnt sich im Gegenteil wohlig zurück und genießt den prickelnden Schreckeffekt wie ein Aufputschmittel, das ihn wach macht.

Indessen stumpft die prickelnde Wirkung sehr bald ab, Gewöhnung tritt ein, und wieder muss die Dosis erhöht werden, das heißt, die Frequenz und die Heftigkeit der Bildwechsel werden erhöht, die Überrumpelung des Zuschauers wird verschärft. Physiologisch dürfte das, wie Pearce vermutet,[29] zu einer allmählichen Übersättigung mit Kortisol führen, und dann hat dieses nur für den Ausnahmezustand gedachte Hormon toxische Wirkung und versetzt den Körper in einen permanenten unterschwelligen Stresszustand. Stress seinerseits gilt heute als Hauptursache vieler Zivilisationskrankheiten. Die Fernsehsucht ist also nicht nur eine Metapher, sondern ihr liegt tatsächlich ein leiser physiologischer Suchtprozess zugrunde.

Unterschwellige Meinungssteuerung durch die Kamera

Nach der Bundestagswahl 1976, die von der SPD/FDP-Koalition gewonnen wurde, erregte der Medienforscher Kepplinger einiges Aufsehen, als er nachweisen konnte, dass der siegreiche SPD-Kandidat Helmut Schmidt während des Wahlkampfs im Fernsehen signifikant seltener in Frosch- oder Vogelperspektive gezeigt worden war als sein unterlegener Konkurrent Helmut Kohl von der CDU. Darüber entbrannte in der Wissenschaft ein heftiger Streit.[30] Sollte eine so winzige Ursache wie die Kameraperspektive wirklich so gewaltige Folgen haben? Zweifel waren sicherlich angebracht, doch war damit das Thema auf dem Tisch, das sich nicht mehr wegwischen ließ: Inwieweit werden Sympathie und Antipathie der Fernsehzuschauer unterschwellig beeinflusst durch die Art der Kameraführung?[31]

Kinofilm und Fernsehen gemeinsam ist der Effekt, dass sich dem Zuschauer durch das Nebeneinander bestimmter Bilder Verknüpfungen und Bewertungen aufdrängen, die gar nicht der Realität entsprechen müssen. Wenn beispielsweise bei der Übertragung einer Politikerrede nach einem bestimmten Satz applaudierende Zuhörer zu sehen sind, geht jeder selbstverständlich davon aus, dass dieser Applaus dem gerade gesprochenen Satz galt. Es könnte aber auch sein, dass gar kein Applaus stattfand und im Studio ein Stück vom Schlussapplaus oder sogar eine ganz andere Applausszene eingeblendet wurde. Der

Zuschauer kann es nicht überprüfen und erliegt der Illusion, es müsse wirklich so geschehen sein, einfach, weil die Bilder aufeinander folgen. Schwenkt die Kamera aber während der Rede ins Publikum und zeigt einige offensichtlich desinteressierte Zuhörer, dann schließt der Zuschauer daraus unwillkürlich, dass es dem Redner wohl an Überzeugungskraft fehle. Wenn der Redner dann auch noch sehr unvorteilhaft aus der Froschperspektive gezeigt wird, hat er die Sympathien der Fernsehzuschauer vermutlich schon verspielt. Fragt man jedoch die im Saal anwesenden Zuhörer nach ihrem Eindruck, so kann der völlig anders sein.

Diese Tatsachen gaben Anlass zu zahlreichen wissenschaftlichen Untersuchungen, von denen eine hier stellvertretend referiert sei: Eine Arbeitsgruppe um Axel Mattenklott inszenierte 1991 im TV-Studio der Universität Mainz mit 32 Zuhörern eine zwölfminütige Podiumsdiskussion über das damals gerade aktuelle Thema «Einführung der Pflegeversicherung». Es diskutierten zwei angebliche Experten, die in Wirklichkeit Schauspieler waren und von den Versuchsleitern genau instruiert waren, wie sie sich verhalten sollten. Die Mattenklott-Gruppe berichtet: «Moderiert wurde die Diskussion von einer bekannten Fernsehredakteurin. Die beiden Kontrahenten vertraten gegensätzliche Positionen. Der eine sprach sich für, der andere gegen eine gesetzliche Pflegeversicherung aus. Um Anzahl und Stärke der Argumente, die beide Kontrahenten äußerten (insgesamt 16), annähernd im Gleichgewicht zu halten, verfassten wir die Texte für die Schauspieler sowie das Drehbuch mit den Instruktionen für die Schauspieler und die Kameraleute.»[32]

Da die Diskussion mit mehreren Kameras gefilmt wurde, konnten verschiedene Fassungen hergestellt werden, deren Wirkungen dann an anderen Versuchspersonen getestet und mit dem Originaleindruck der 32 anwesenden Studenten verglichen wurden. Die Versionen unterschieden sich dadurch, dass in dem einen Film Sprecher A, in dem anderen Film Sprecher B dreimal in Großaufnahme gezeigt wurde. Ferner hob die Kamera in der einen Fassung die (gespielt) nervösen Fingerbewegungen von A hervor, in der anderen die von B. Zusätzlich wurden an bestimmten Stellen, wiederum wechselweise, die positiven oder die negativen Zuschauerreaktionen eingeblendet.

Das Ergebnis war erstaunlich: Gefragt nach der Souveränität der beiden Kontrahenten, bewerteten diejenigen Personen, die die Diskussion im Studio mit eigenen Augen erlebt hatten, beide fast gleich; A wurde ein wenig schwächer eingestuft. Die Fernsehzuschauer hingegen, deren Blick von der Kamera geführt wurde, sprachen A die größere Souveränität zu, wenn er in ihrer Fassung gezoomt worden war (dreimalige Großaufnahme des Gesichtes). Umgekehrt wurde A als weitaus schwächer eingestuft, wenn B in Großaufnahme erschien.

Ähnlich waren die Resultate, wenn die Kamera die nervös spielenden Finger mit dem Zoom heranholte: Sprecher B, von den Studio-Zuschauern etwas souveräner eingeschätzt als Sprecher A, erhielt bei der Filmvorführung massiv negative Werte, wenn die Kamera ihn durch Großaufnahme der nervösen Finger bloßstellte. Wurde aber A bloßgestellt, erhielt B die positiven Werte und A die negativen.

Besonders pikant war, was sich bei der Wirkungsprüfung der eingeblendeten Zuschauerreaktionen herausstellte: Die im Studio anwesenden Zuschauer hatten die (von den Veranstaltern bewusst inszenierten) nonverbalen Reaktionen einzelner Gäste miterlebt und glaubten nicht, dass die anderen Anwesenden dadurch in ihrer Meinung beeinflusst worden seien. Spielte man jedoch einer anderen Gruppe eine Filmfassung vor, in der positive Zuschauerreaktionen eingeblendet waren, dann glaubten die Zuschauer sicher zu wissen, dass dies die Meinung der anderen Zuschauer beeinflussen werde – ein bemerkenswerter Befund: Von den anderen glaubt man, dass sie durch das Fernsehen leicht beeinflussbar seien, man selbst hält sich für völlig unbeeinflusst! Oder in der Sprache des berichtenden Wissenschaftlers: «Die Probanden schreiben sich selbst Kritikfähigkeit zu, die sie vor Persuasionsversuchen schützt, nicht aber den anderen Rezipienten.»

Fernsehen – sehr geeignet für politische Manipulation

Dieses Ergebnis ist umso bemerkenswerter, als es sich bei den Versuchspersonen durchweg um Studentinnen und Studenten handelte (179 von den Fachhochschulen Mainz und Wiesbaden sowie der Universität Mainz). Die Berichterstatter konnten denn auch ihre Überraschung (oder gar Enttäuschung?) nicht ganz verbergen, dass ausgerechnet Studenten, «die über ein hinreichendes Wissen über sozialpolitische Themen verfügen», sich so leicht beeinflussen lassen von rein formalen Elementen der Darbietung, die mit der Qualität der vorgebrachten Argumente nichts zu tun haben. Alle vorherigen Annahmen, gerade solche Menschen würden sich bei ihrer Urteilsbildung vorzugsweise vom Inhalt der Argumente leiten lassen, waren über den Haufen geworfen. An mangelndem Interesse oder mangelnder Kritikfähigkeit konnte es nicht gelegen haben, denn in den Protokollen, die nach der Filmdarbietung von allen Versuchspersonen angefertigt wurden, fand sich, wie die Auswertung ergab, «ein durchweg großer Anteil kritischer Gedanken».

Wir sehen daran, wie es um die Autonomie des Fernsehzuschauers bestellt ist: Vor und nach der Filmdarbietung zeigt er die größtmögliche Kritikfähigkeit. *Während* des Films aber scheint sie wie ausgeblendet, und es kommt zu der grotesken Situation, dass er diesen Zustand verminderter Kritikfähigkeit bei den anderen ganz richtig diagnostiziert, nur nicht bei sich selbst. Er dünkt sich erhaben über jegliche Beeinflussung seines Urteils, und zugleich fällt er auf die simpelsten mediendramaturgischen Tricks herein. Hätte anschließend eine Wahl stattgefunden – ihr Ausgang wäre vorhersagbar gewesen.

Da solche Manipulationsmöglichkeiten unter Kameraleuten seit langem bekannt sind, muss man sich fragen, wie weit davon in der Politik nicht auch Gebrauch gemacht wird, ohne dass es das Publikum weiß. Bekanntlich werden Wahlkämpfe in den USA fast ausschließlich via Fernsehen ausgetragen, und der amerikanische Präsident lässt nicht zufällig seine Fernsehauftritte von Spezialisten vorbereiten. Es kommt eben gerade auf die unbewusst bleibenden Wirkungen an, und die lassen sich bewusst inszenieren.

Gefühle auf Festplatte

Erschwerend kommt ein Effekt hinzu, den Hertha Sturm 1972 entdeckt hat und in mehreren großen Laborversuchen bestätigen konnte: Sie untersuchte erstmals die emotionalen Wirkungen auf die Rezipienten von Rundfunk und Fernsehen, wobei diese Wirkungen an den unbewusst bleibenden physiologischen Reaktionen (Herz/Puls-Rate, Atemfrequenz und Atemtiefe, galvanischer Hautwiderstand) naturwissenschaftlich exakt gemessen wurden. Der Versuch wurde nach einer, nach zwei und nach drei Wochen an denselben Versuchspersonen wiederholt, um festzustellen, was von dem aufgenommenen Wissen und den erregten Emotionen übrig geblieben war.

Das Ergebnis überraschte alle Beteiligten. Sturm berichtet: «Es zeigte sich – über einen Zeitraum von drei Wochen –, dass das von Fernsehen und Hörfunk vermittelte Wissen vergessen wird entsprechend den schon lange bekannten Vergessenskurven (man vergisst erst schneller, dann langsamer), wohingegen die medienvermittelten emotionalen Eindrücke durchgängig stabil blieben. Bei den emotionalen Eindrücken zeigt sich keine

Veränderung, keine Korrektur, kein Vergessen der mit der Erst-
darbietung verbundenen Gefühle der Rezipienten.

Dieser – auch für uns unerwarteten – Stabilität emotionaler
Medienwirkungen wurde in weiteren Untersuchungen nachgegangen mit anderen Rezipientengruppen und mit anderen Dar-
bietungsmaterialien (etwa einem Fernsehspiel). Mittlerweile hat
sich diese Dominanz des Emotionalen immer wieder betätigt –
bei den verschiedensten Inhalten und Darstellungsformen wie
in internationalen Untersuchungen.»[33]

Das aber bedeutet: Der vom Fernseher erzeugte Gefühlsein-
druck «erscheint verselbständigt und weitgehend unabhängig
von behaltenen oder vergessenen Wissensinhalten».[34] Man
kann also sagen: «Das Medium Fernsehen veranlasst emotionale Eindrücke, die, wegen ihrer Dauer, emotionalen Bindungen
gleichkommen.»[35]

Sieht man dieses Ergebnis zusammen mit dem oben referier-
ten Mattenklott-Versuch von 1991, der die emotionale Steuer-
barkeit des Fernsehzuschauers demonstrierte, dann ergibt sich
eine höchst bedenkliche Situation: Der Bildschirm lenkt nicht
nur das Auge wie eine Marionette, sondern lenkt auch die Gefühle in ganz bestimmte Richtungen, an denen dann geradezu
zwanghaft festgehalten wird. Die körperliche Erstarrung setzt
sich fort in einer seelischen Erstarrung bzw. Konservierung –
eine Tatsache, die sich geradezu anbietet für politische Manipu-
lationen. Fast möchte man annehmen, dass die Nationalsozia-
listen das schon ahnten, als sie das Fernsehen 1936, kurz nach
seiner Premiere in Berlin, zur Übertragung der Olympiade
einsetzten, die zu einer großen Propagandaschau des Dritten
Reiches hochstilisiert wurde.[36]

Wenn man bedenkt, in welch hohem Maße moderne Demo-
kratien heute bei allen sachlichen und personellen Entschei-
dungsprozessen auf die Massenmedien angewiesen sind und
welch eine überragende Rolle dabei das Fernsehen spielt, dann
müssen wir uns die Frage gefallen lassen, ob wir nicht längst in

einer Scheindemokratie leben, in der die Bürger mit der Illusion völliger Mündigkeit in umso größerer Unmündigkeit gehalten werden. Das Fortbestehen der Demokratie – diese Prophezeiung dürfte nicht übertrieben sein – wird sehr davon abhängen, ob es uns gelingt, der offenbar unentrinnbaren Magie der Fernsehbilder doch noch zu entrinnen, indem wir sie bewusster Kontrolle unterwerfen.

2. Fernsehkultur – Mythos und Realität

Der elektronische Hausaltar

Als nach dem Ende des Zweiten Weltkrieges die Rundfunksender erstmals Fernsehsendungen ausstrahlten und die entsprechenden Empfangsapparate für jedermann käuflich auf den Markt kamen, ahnte wohl noch niemand, mit welcher Rasanz dieses Medium sich in den folgenden Jahren verbreiten würde: 1948 zählte man in den USA noch keine 100 000 Geräte; nur zwölf Jahre später war mit 150 Millionen Geräten bereits eine flächendeckende Versorgung der gesamten Bevölkerung erreicht.[37] Ähnlich schnell breitete es sich in anderen Ländern aus und hat in wenigen Jahrzehnten praktisch die ganze Menschheit erfasst – ein beispielloser Siegeszug, der alle bisherigen Entwicklungen in den Schatten stellte. Das Zeitalter der «Fernseh-Kultur» begann.

Überraschenderweise hat sich die Wertschätzung des Fernsehens im Laufe der Jahrzehnte nicht verringert, sondern noch gesteigert, wie die kontinuierlich wachsenden Sehzeiten belegen.[38] Fernsehen steht heute mit Abstand an der Spitze aller Freizeitaktivitäten, bei Jugendlichen ebenso wie bei Erwachsenen.[39] Eine wesentliche Ursache dafür ist sicherlich – neben dem wachsenden Bildhunger[40] – in der Tatsache zu suchen, dass dieses Medium nicht, wie Zeitung und Telefon, in erster Linie zur sachlichen Information genutzt wird, sondern zur Unterhaltung, einer Unterhaltung, die das Gefühl der Langeweile, der inneren Leere und der Einsamkeit zu verdrängen verspricht und deshalb immer breiteren Raum im Alltag einnimmt. Mit seinen Talkshows, News und Sportberichten, seinen Seifenopern und Actionfilmen ist das Fernsehen zum Geschichtenerzähler und Spaßmacher der Moderne geworden. Aber auch zum rituellen Mittelpunkt des

Lebens, der den Zeittakt setzt für den Ablauf des Tages,[41] der Vorbilder gibt für das praktische Leben, der den eingeschränkten eigenen Horizont erweitert, der den Einzelnen mit der Menschheit verbindet und selbst dem Ärmsten der Armen noch das Gefühl vermittelt, angeschlossen zu sein an das allgemeine Weltgeschehen. Der amerikanische Medienforscher George Gerbner verglich deshalb schon 1976 die Rolle des Fernsehens mit dem Kultus der mittelalterlichen Kirche.[42] Günther Thomas hat 1998 die Parallelen zum religiösen Kultus zum Gegenstand einer eigenen Untersuchung gemacht.[43]

Im Nebel der Illusionen

Von Anfang an wurde dem Fernsehen nicht mit jener Sachlichkeit und Nüchternheit begegnet, die wir sonst bei technischen Geräten für selbstverständlich halten: Kaum hatte sein Siegeszug bis in entlegenste Erdteile begonnen, wurde es bereits mit dem Nimbus eines umfassenden Kulturbringers und Beglückers der Menschheit umgeben. Hochgespannte Erwartungen knüpften sich an seine Ausbreitung, ja, eine geradezu mythische Verklärung fand statt, indem man als Realität ansah, was nur eine vage Hoffnung war. Das Fernsehen, so meinte man euphorisch,

- erlöse den Einzelnen aus seiner sozialen Isolation
- werde im Alltag große Zeitersparnis bringen
- zeige den Menschen die Welt, wie sie wirklich ist
- werde den Volksmassen immer mehr Information erschließen
- werde die Bildung der Gesamtbevölkerung entscheidend heben
- werde die Unterschiede zwischen den sozialen Schichten einebnen

- werde aktivierend auf die kognitiven Fähigkeiten der Zuschauer wirken
- werde den Kindern bessere schulische Leistungen ermöglichen
- werde das Verständnis für Politik fördern und die Demokratie stärken.

Die Medienwissenschaft hat sich zunächst nicht sonderlich bemüht, diesen Nebel frommer Wünsche zu lichten. Jedoch wurde im Laufe der Jahrzehnte von der internationalen Forschung ein immer feineres und reichhaltigeres Instrumentarium für die Beobachtung der vermuteten Wirkungen des Fernsehens erarbeitet, und je weiter die Forschung voranschritt, desto unübersehbarer wurde, wie es sich tatsächlich verhält. Das Resultat war deprimierend, denn keine der Hoffnungen hat sich erfüllt. Ganz im Gegenteil:

- *Die Einsamkeit wächst*
Der Einzelne wurde keineswegs aus seiner Isolation erlöst. 1996 äußerten bei Befragungen 57 Prozent der Deutschen wachsende Befürchtungen hinsichtlich der Auswirkungen neuer Medien auf die menschliche Kommunikation. Der bekannte Trendforscher Horst Opaschowski bemerkt dazu: «Eine knappe Mehrheit der Bevölkerung ist also mittlerweile davon überzeugt, dass das Zusammenwachsen von Computer, Telefon und Fernseher die Einsamkeit vor den Apparaten fördert. Viele sehen in den neuen Multimedia-Möglichkeiten eher eine Geißel der Einsamkeit als einen Fortschritt der Kommunikation.»[44]

- *Die Zeitfalle: Stress statt mehr Zeit*
Welcher Fernsehzuschauer hätte nicht schon die Erfahrung gemacht, dass der vermeintliche Genuss sich am Ende als *unbeabsichtigte Zeitvernichtung und Zeitvergeudung* entpuppte? Irene Neverla ist dem Phänomen «Fernseh-Zeit» in einer eige-

nen Monografie nachgegangen und hat die subtilen psychologischen Mechanismen aufgedeckt, die dabei wirksam sind.[45] Opaschowski berichtet ferner: «Neuere Sozialforschungen (Lüdtke 1994) weisen nach, dass die intensive Multi-Media-Nutzung in der privaten Freizeitgestaltung keine Zeitspareffekte hat, vielmehr entgegengesetzt im Sinne einer Zeitfalle wirkt. Die Interaktion mit Multi-Media ‹vereinnahmt› die Zeitressourcen der Konsumenten. Die Folgen sind Stress und chronische Zeitnot.»[46]

Ein wesentliches Motiv ist die Angst, etwas zu verpassen: «Eine Generation von Fast-Food-Medienkids wächst heran. Schon heute liest jeder zweite Bundesbürger gewohnheitsmäßig beim Essen. Und beim Fernsehen wird gleichzeitig gelesen und gegessen, gebügelt und gebastelt, man unterhält sich, telefoniert mit Freunden oder spielt mit Kindern und Katzen. Man will alles sehen, alles hören, alles erleben und vor allem im Leben nichts verpassen.»[47]

• *Unwirklichkeit und Angst*
Die Menschen erwarten, dass das Fernsehen ihnen die Welt zeigt, wie sie wirklich ist. Bilder können schließlich nicht lügen, meint man und schenkt ihnen daher unbedingten Glauben. Aber der Fernsehsender richtet seine Kamera nicht auf das normale Leben, sondern auf alles Ungewöhnliche, auf Sensationen, Kriege, Katastrophen, Gewalttaten, die sich viel medienwirksamer präsentieren lassen als der Alltag. Der tägliche Kampf um die Quoten lässt den Redakteuren gar keine andere Wahl.

Durch dieses ständige Hervorheben des Problematischen und Negativen, mit vielen schrecklichen Bildern, die unter die Haut gehen, verdichtet sich für den Vielseher zwangsläufig der Eindruck, in einer Welt voller Schlechtigkeit und Gefahren zu leben, und dementsprechend wächst das Gefühl der Bedrohung, Angst und Misstrauen stellen sich ein. «Die eigentümliche Konsequenz dieser Orientierung am Anomalen liegt darin, dass dadurch praktisch dieses Anomale normalisiert wird, es als die Regel erscheint und damit die Wirklichkeit auf den Kopf gestellt wird», schreibt Claus Eurich.[48]

George Gerbner konnte 1978 empirisch nachweisen, dass Vielseher, z.B. bei der Einschätzung des Anteils an Gewaltverbrechen im realen Leben, wesentlich stärker vom Fernsehen beeinflusst sind als Wenigseher und daher sehr viel mehr Ängstlichkeit zeigen. Die angebliche Wirklichkeit wird also zum angsterregenden Phantom.

• *Die Lesekultur geht zurück*

Die erwartete Nutzung von immer mehr Informationsangeboten blieb rudimentär: Die von Paul Lazarsfeld 1944 aufgestellte *more-and-more*-Regel, derzufolge Menschen, die *ein* Medium nutzen, vermehrt auch andere nutzen, hat sich bei Magazinen und Zeitschriften bewahrheitet, bei Zeitungen nur teilweise und beim Bücherlesen gar nicht. In den USA ist das Zeitungslesen seit langem rückläufig.

In Deutschland blieb der Zeitaufwand für Bücherlesen im Wesentlichen gleich, und das wurde schon als beruhigend empfunden. Wenn man aber bedenkt, dass von der Mitte der sechziger Jahre bis zum Beginn der achtziger Jahre der Anteil Jugendlicher, der eine höhere Schule besuchte, von 32 Prozent eines Jahrgangs auf 52 Prozent stieg und im selben Zeitraum auch die verfügbare Freizeit um etwa 60 Prozent anwuchs, dann hätte das Bücherlesen eigentlich stark zunehmen müssen. Das geschah nicht, sodass, relativ gesehen, ein Rückgang zu konstatieren ist.[49]

Dass diese von Elisabeth Noelle-Neumann 1981 nachgewiesene Entwicklung auch in der Folgezeit nicht gestoppt werden konnte, zeigte eine ausführliche Studie von Helmut van der Lahr, die 1996 zu dem Ergebnis kam, dass «der Stellenwert der Buchlektüre in den letzten eineinhalb Jahrzehnten in allen untersuchten Gruppen deutlich gesunken ist».

Der Autor der Studie bemerkt dazu: «Die Erfordernisse der Informationsgesellschaft, ihre medialen Realitäten, verlangen nach einem geübten Leser, dem Vielleser mit entwickeltem Sprachbewusstsein (...). Zu beobachten ist allenthalben jedoch eine fortgesetzte Schwächung der Lesefähigkeit, ein Befund, der empirisch gut abgesichert ist.

Dieser Sachverhalt muss Besorgnis erregen, weil die Forschung in den letzten Jahren unabweisbar dargelegt hat, dass Lesefähigkeit, Lesevermögen und Lesebereitschaft eine komplexe Schlüsselqualifikation für die psychische, soziale und intellektuelle Entwicklung von Kindern und jungen Menschen ist. So haben die amerikanischen Wissenschaftler Jerome und Dorothy Singer bereits seit Anfang der 80er Jahre in zahlreichen Publikationen auf die besondere Bedeutung des frühen Lesens für die Entwicklung der Vorstellungskraft hingewiesen und ihre Erkenntnisse in einem 1992 erschienen Essay untermauert.[50] Kinder, denen man erzählt hat und die frühzeitig an das Lesen herangeführt werden, entwickeln nicht nur das größere Sprachvermögen, sondern auch präzisere Bilder von der Welt. Die aktiven Leser erweisen sich auch als die aktiven Denker.»[51]

• *Je mehr Fernsehen, desto weniger Wissen*
Wie bereits erwähnt, hat *DER SPIEGEL* 1994 die Allgemeinbildung der Deutschen untersucht und festgestellt, dass (außer beim Sport) durchgängig das Wissen umso geringer ist, je länger man fernsieht.[52] Von einer Förderung der Bildung durch das Fernsehen kann mithin keine Rede sein.

Freilich steht dem die Selbsteinschätzung der Fernsehbenutzer konträr gegenüber: Allen wissenschaftlichen Erkenntnissen zum Trotz bleiben sie hartnäckig bei der Meinung, sie persönlich hätten «alles verstanden», was da gesendet wurde, und überhaupt sei «Fernsehen besonders leicht zu verstehen». Hertha Sturm berichtet in diesem Zusammenhang von folgendem Experiment: 100 Jugendlichen und Erwachsenen wurde ein Film zum Thema «Sparen» vorgeführt. «Es war ein durchaus anspruchsvoller Film: Es ging um die Bedeutung des Sparens im Sinne der Volkswirtschaft, wie um internationale Verflechtungen. Die Produzenten waren recht stolz auf ihr Werk, besonders, wie sie meinten, wegen seiner Verständlichkeit. (…) Das Ergebnis: alle Versuchspersonen sagten, sie hätten den Film verstanden. Bei einer näheren Überprüfung aber zeigte sich: die überwiegende Mehrzahl hatte keineswegs verstanden; speziell den Anspruch des Films, wirtschaftliche Zusammenhänge deutlich zu machen, konnte kaum einer der Zuschauer einlösen.»[53]

Sturm stellte fest, dass sich alle an den konkreten Einzelbildern «entlanggehangelt» hatten, den dazugehörigen Text aber gar nicht zur Kenntnis genommen hatten. Sie gingen nach dem Prinzip des geringsten Aufwandes vor: Die Bilder-Folge suggeriert bereits ein «Verstehen», da braucht man sich um die meist abstrakten Worttexte nicht mehr zu bemühen. Diese Verhaltensform, nur auf der Bildschiene wahrzunehmen und die Tonschiene mehr oder weniger zu ignorieren, hat sich in zahlreichen wissenschaftlichen Untersuchungen als fernsehtypisch herausgestellt. So verhindert Fernsehen echte Wissensaufnahme gerade durch das, was an ihm am meisten geschätzt wird: durch lebensnah erscheinende Bilder.

• *Die soziale Kluft vergrößert sich*
Auch die Unterschiede zwischen den sozialen Schichten wurden durch das Fernsehen keineswegs eingeebnet: «Die Bevölkerung mit der geringen Bildung bevorzugt das Fernsehen, diejenige mit höherer Bildung Zeitung, Zeitschrift, Buch», lautet ein Fazit langjähriger Forschung,[54] und ein zweites: Vielleser verfügen über eine deutlich höhere Medienkompetenz als Vielseher, wissen also das Fernsehen viel besser zu nutzen, und so droht sich die «Wissenskluft» (wie sie in der Forschung genannt

wird) zwischen den Reichen und den Armen immer mehr zu verschärfen. Wichtig ist aber, so das Urteil von Elisabeth Noelle-Neumann: «Es handelt sich gar nicht nur um Wissen, es handelt sich auch um Vorstellungsvermögen, lebhaftere Erinnerung, Einfallsreichtum, Fantasie – und dies scheint nun der eigentliche Reichtum zu sein.»[55]

Seit 1985 ist durch die Ausweitung des Fernsehangebots auf über dreißig Programme der Anteil der Zuschauer, die das Fernsehen hauptsächlich zur Information nutzen, deutlich zurückgegangen, während die unterhaltungsorientierte Nutzung stark zunahm. Diese Verschiebung hat «den Typ eines Unterhaltungsvielsehers entstehen lassen, den es 1985 so noch nicht gab». Der Fernsehkonsum droht daher «für einen Großteil der Bundesbürger zu einer sehr einseitigen Diät zu werden. Und da Spezialisierungstendenzen je nach inhaltlicher und programmtypischer Richtung mit bestimmten soziokulturellen Merkmalen verknüpft sind, deutet sich hier eine Entwicklung sozialer Klüfte im Umgang mit den Medien und vor allem ihrem Angebot an politischer Information an. Über die Folgen einer solchen Entwicklung für ein demokratisches Staatswesen wie die Bundesrepublik, in dem Politik bei der notwendigen Legitimitätsgewinnung für ihr Entscheiden und Handeln ja weitgehend auf die Massenmedien angewiesen ist, soll an dieser Stelle nicht spekuliert werden, sie sind zum Teil evident.»[56]

• *Eine Mehrheit von Medien-Analphabeten*
Dass Fernsehen die kognitiven Fähigkeiten nachhaltig fördert, hat sich bisher nicht bestätigt. Eher ist das Gegenteil zu beobachten, nämlich ein erschreckender Rückgang der Sprach- und Lesefähigkeiten, vor allem bei Kindern und Jugendlichen. Auf dieses Phänomen gehe ich in Kapitel 5 noch genauer ein. Hier mag es genügen, einige Beobachtungen von Horst Opaschowski zu zitieren: «Der angepasste, nicht der autonome Konsument war jahrzehntelang gefragt, Eigeninitiative nicht gefor-

dert. (…) Die Zuschauer werden doch nach wie vor auf Konsum konditioniert. Insbesondere die TV-Werbung verstärkt die Vorstellung, Glück liege allein in erhöhtem Konsum. Auf diese Weise werden vorhandene Lernpotenziale mehr vergeudet als geweckt (…). Die Folge ist ein mediales Analphabetentum, die Unfähigkeit, kompetent genug mit der neuen Medienentwicklung Schritt zu halten. Eine Spaltung der Mediengesellschaft zeichnet sich für die Zukunft ab: in die kleine Gruppe der Computer-Freaks, die von Kindheit an den Umgang mit den Medien gelernt haben, und in die Mehrheit der Medien-Analphabeten, die kaum etwas hinzugelernt haben. (…)

Die Sozialforschung spricht bereits vom ‹Kaspar-Hauser-Syndrom›: Der Konsument sieht nur noch das, was er längst kennt, und erfährt dabei das, was er ohnehin schon weiß. Die Medien lesen ihm jeden Wunsch von seinen Augen ab. Und genau darin liegt das Problem. Wie Kaspar Hauser begibt er sich in die Gefahr, in seiner Entwicklung stehen zu bleiben, weil er nur noch das konsumiert, was leicht und locker, interessant und unterhaltsam ist. Der Konsument wird nicht mehr gefordert. Kreative, selektive und kritische Kompetenzen bleiben auf der Strecke.»[57]

• *Vielsehen verschlechtert schulische Leistungen*
Amerikanische Untersuchungen an Zwölf- bis Fünfzehnjährigen über den Zusammenhang von Vielfernsehen, Schulleistungen und Intelligenz «fanden durchweg negative Korrelationen der Sehhäufigkeit mit sprachlicher Ausdrucksfähigkeit, mathematischem Können und Lesefertigkeit».[58] D. G. Singer stellte 1981 fest, «dass Kinder, die viel fernsehen, sprachlich schlechter entwickelt sind als Wenigseher».[59] Eine israelische Studie beobachtete 1976 bei Vielsehern der Kindersendung «Sesamstraße» ein drastisches Absinken der Bereitschaft, sich mit schwierigen Aufgaben zu befassen, wenn deren Lösung nicht sofort auf der Hand lag, sondern eine gewisse Anstrengung verlangte.[60] Viele

weitere Befunde ließen sich dazustellen, die stets aufs Neue zeigen: Fernsehen fördert schulische Leistungen nicht, sondern beeinflusst sie in der Regel negativ.

• *Statt politischer Mündigkeit wachsende Manipulierbarkeit*
Nicht anders steht es mit der Erwartung, Fernsehen werde das Verständnis der Massen für Politik verbessern. Noelle-Neumann konnte 1981 anhand von demoskopischen Langzeitstudien nachweisen, dass zwischen 1952 und 1981 das *Interesse* für Politik in der Bevölkerung von 27 Prozent auf 50 Prozent angewachsen war, gleichzeitig aber das aktuelle politische *Wissen*, die Information über politische Namen und Daten unverändert auf dem Stand von 1952 blieb. Sie folgerte daraus: «Weitverbreitetes politisches Interesse – vielleicht sollte man sagen: Engagement – , aber Zurückbleiben der politischen Information, das wirkt bedrohlich: mehr beteiligte Gefühle ohne Wissen, das bedeutet leichtere Manipulierbarkeit.»[61]

Neuerdings scheint selbst dieses politische Interesse abzubröckeln. Jedenfalls ergab jüngst eine Jugendstudie: «Politische Ereignisse im Fernsehen werden von Jugendlichen kaum angenommen – Nachrichtensendungen zappen sie deshalb häufig weg.»[62]

Fernsehsucht

Es konnte hier nur skizzenhaft umrissen werden, was die neuere Forschung an Befunden zusammengetragen hat. Doch dürfte deutlich geworden sein, wie illusionär die Hoffnungen waren, die sich mit dem Fernsehen verbanden. Der erwartete Quantensprung zu einer nachhaltigen Förderung der emotionalen und kognitiven Fähigkeiten der Volksmassen ist ausgeblieben, einen wirklichen Kulturfortschritt hat das Fernsehen nicht bewirken können.

Neil Postmans eindringliche Warnung[63] vor der Mythisierung moderner Medien war nur zu berechtigt, «Ent-euphorisierung» (so Opaschowskis Formulierung[64]) ist angesagt. In der Tat hat sich in der Wissenschaft Ernüchterung breitgemacht. Das aber kann die Fernsehproduzenten nicht dazu veranlassen, an den eingefahrenen Sehgewohnheiten des Publikums irgendetwas verändern zu wollen. Der kommerzielle Druck, unter dem sie stehen, zwingt sie, mit allen nur erdenklichen Mitteln die Konsumenten am Bildschirm festzuhalten und die Einschaltquoten, wenn nicht zu erhöhen, so doch wenigstens zu halten. Es ist also zu befürchten, dass sich trotz der Ernüchterung der Wissenschaft am Sehverhalten der breiten Masse nichts Wesentliches ändern wird.

Freilich ist hier eine wichtige Einschränkung zu machen. Wenn die Statistiken von «dem» Fernsehkonsumenten sprechen, so muss uns natürlich klar sein, dass es sich da nur um einen mathematisch ermittelten Durchschnittswert handelt, nicht um einen lebenden Menschen aus Fleisch und Blut. In der Realität sind die Verhältnisse stets vielschichtig und individuell. Da gibt es neben den Vielsehern auch die Wenigseher und sogar überzeugte Nichtseher (derzeit knapp 3 Prozent, mit steigender Tendenz[65]), die in den Statistiken meist übergangen werden. Und man wird die Vielzahl von alarmierenden Nachrichten insofern relativieren müssen, als es sicher auch eine große Anzahl von Menschen gibt, die mit dem Fernsehgerät recht vernünftig umzugehen wissen und damit keine Probleme haben.

Das klingt beruhigend, ist es aber bei genauerer Betrachtung ganz und gar nicht. Denn aus den inzwischen zahlreich vorliegenden internationalen Untersuchungen zum Fernsehverhalten geht eines klar hervor: Wer seinen Fernsehkonsum bewusst in Maßen hält, sich seine Programme gezielt aussucht und souverän mit der «Aus»-Taste umzugehen weiß, der bringt in der Regel eine Voraussetzung mit, die anderen abgeht: Er verfügt über höhere Bildung! Diese Bildung aber hat der Betroffene nicht vom Bildschirm gelernt, sondern außerhalb des Fernsehzimmers, durch völlig anders geartete Tätigkeiten wie Schulbesuch, Lektüre von Büchern und Zeitungen, Musizieren, Reisen, Sport, Hobbys und so weiter. Erst diese Vielfalt ganz anderer Aktivitäten befähigt ihn, sich dem Sog des Bildschirms erfolgreich zu widersetzen und Herr der Situation zu bleiben. Seine Medienkompetenz wurde also nicht *am*, sondern *gegen* das Medium erworben.

Nichtsdestoweniger wird landauf, landab noch immer das überholte Dogma verkündet, Fernsehkompetenz werde allein am Fernseher erworben. Menschen mit niedrigerem Bildungsniveau (chronische Vielseher haben meist einen niedrigen Intelligenzquotienten[66]) folgen solchen Rattenfängertönen nur zu willig, überlassen sich dem Bilderrausch und meinen, der Vorgang des Schauens als solcher werde schon bildend auf sie wirken. Dass Bildungsprozesse ein hohes Maß an Eigenaktivität, Intellekt und Kritikvermögen verlangen und diese Fähigkeiten durch stundenlanges Starren auf den Bildschirm nicht im geringsten zu erwerben sind, das wird ihnen nicht bewusst.

So gehören sie bald zu jenem in der Forschung oft beschriebenen Typus des Vielsehers, der sich subjektiv wohlig und entspannt fühlt, sich gut unterhalten und gut informiert glaubt, in Wahrheit aber zu den Getriebenen, Gehetzten gehört, die ständig dem Stress unterliegen, nichts verpassen zu dürfen, alles gesehen haben zu müssen, und dennoch nie ein Gefühl der Sättigung erreichen, sondern nach immer neuen «events» gieren und nichts mehr fürchten als die Leere nach dem Abschalten. Selbst wenn ihnen die körperlichen Symptome sagen, dass sie besser aufhören sollten, finden sie nicht die Kraft dazu, der Wille ist wie gelähmt. Sagen wir es deutlicher: Sie zeigen alle Anzeichen einer schweren Sucht.

Längst wird heute von offiziellen Gesundheitsorganisationen wie der WHO das extensive Fernsehen zu den Suchtkrankheiten gezählt, und man muss schon einem gerüttelten Maß an Selbsttäuschung erliegen, wenn man diese Gefahr, von der sich jedermann zu jeder Zeit durch ehrliche Selbstbeobachtung überzeugen kann, nicht wahrhaben will.

Interaktives Fernsehen – der rettende Ausweg?

Wichtigste menschliche Fähigkeiten wie Eigenaktivität, Selbstbestimmung der Persönlichkeit, willentliches Engagement, soziale Begegnung liegen bei Millionen von Vielsehern brach. Wie kann man sie neu aufbauen und fördern? Wie weckt man die Kräfte des Willens, der Tat? Ganz sicher nicht durch fortgesetztes Fernsehen. Denn gerade das leistet dieses Medium nicht. Im Gegenteil, es baut die Willenskräfte ab, wie wir sahen. Wer das Suchtpotenzial des Fernsehens erkannt hat und von seiner schleichenden Zerstörungskraft weiß, für den ist evident, dass Sucht nicht durch den weiteren Konsum des Suchtmittels zu beheben ist, sondern durch bewussten Verzicht, durch Entzug!

Würde dieser Verzicht massenhaft praktiziert, würde das freilich eine milliardenschwere Industrie bis ins Mark treffen. So ist es nur folgerichtig, dass die Medienindustrie den beschriebenen Prozess der Desillusionierung und den daraus resultierenden Imageverlust des Fernsehens aufmerksam verfolgte und bereits die passende Antwort bereit hält, noch bevor das Problembewusstsein breitere Kreise erreicht hat. Ihre Antwort lautet: In der Tat, Fernsehen macht passiv. Das liegt aber nicht an den Menschen, sondern an der Technik, die wir schleunigst ändern müssen. Wir brauchen eine neue Generation von Geräten, die vom Benutzer echte Eigenaktivität fordern. *Interaktives Fernsehen* muss her, so lautet die Parole.

Mit dümmlichen Sprüchen wie «Intelligentes Fernsehen für intelligente Zuschauer» sollen dem Kunden jetzt aufwändige Multimedia-Equipments schmackhaft gemacht werden, die es erlauben, aus bestimmten Pools beliebiges Film- und Bildmaterial abzurufen, es nach Belieben zu mischen oder zu verändern und als selbst inszeniertes Programm über den heimischen Bildschirm flimmern zu lassen. Dass dazu beachtliche technische Kenntnisse und Fertigkeiten erforderlich sind, die nur den ohnehin schon geübten und aktivitätsgewohnten Technikfreaks zu Gebote stehen, wird geflissentlich verschwiegen. So wird auch hier wieder eine Illusion aufgebaut, ein neuer Mythos genährt. Opaschowski bemerkt dazu spitz: «Medienkonzerne wittern ein milliardenschweres Zukunftsgeschäft. Doch vom Boom zum Bumerang ist es vielleicht nur ein kleiner Schritt, weil die Macher die Rechnung ohne die Mitmacher machen. Eine TV-Generation, die vier Jahrzehnte lang pausenlos passiv war, wird nicht plötzlich grenzenlos interaktiv sein können. Der angepasste Fernsehkonsument ‹schlägt zurück› – er will weiter berieselt werden. An den bequemen Lehnstuhl-Bildschirm-Spaß gewöhnt, werden die meisten Zuschauer auch in Zukunft das Fernsehen in erster Linie als Mittel zur Ablenkung, Entspannung und Unterhaltung nutzen wollen.»[67]

Konsumtraining im Kinderzimmer

Dennoch könnte es sein, dass die Skepsis gegenüber dem Fernsehen wächst. Die erwähnte Desillusionierung nämlich dringt allmählich aus den wissenschaftlichen Fachkreisen auch in das allgemeine Bewusstsein vor und erzeugt schon manches Aufwacherlebnis, vor allem dort, wo der Zuschauer schockartig konfrontiert wird mit den praktischen Auswirkungen

seiner eigenen Lehnstuhl-Spaß-Mentalität. Das ist beispielsweise dann der Fall, wenn er feststellen muss, dass der Spaß an
Werbesendungen unversehens Ernst wird, indem seine Kinder
unablässig fordern, nur noch ganz bestimmte Marken zu kau-
fen, stets das Neueste zu besitzen usw. Nicht wenige Eltern
sehen sich einem regelrechten Konsumterror ihrer eigenen
Kinder ausgesetzt.

Aus einschlägigen Untersuchungen erfährt man, dass der
Werbemarkt für Kindersendungen in den USA boomt, seit zu
Beginn der neunziger Jahre der wachsende Einfluss der Kinder
auf die Kaufentscheidung der Eltern entdeckt wurde. 40 000
Werbespots pro Jahr, doppelt so viele wie vor zwanzig Jahren,
wenden sich heute direkt an Kinder,[68] vor allem mit Zeichen-
trickfilmen, die sich immer größter Beliebtheit erfreuen, und
tatsächlich eröffnete sich auf diesem Wege weltweit ein lukrati-
ver Markt.

Sind wir damit einverstanden, dass Kinder schon im zartesten
Alter kommerziell ausgebeutet, auf Konsumorientierung ge-
trimmt, als Trendsetter für neue Modestile missbraucht werden? So fragte sich in den USA mancher. Immerhin wurde der
öffentliche Druck so stark, dass der Gesetzgeber auf den Plan
treten musste, aber zu radikalen Einschränkungen konnte man
sich nicht entschließen; der Kommerz ging vor.[69]

Grassierende Fettsucht

Ungehört verhallten in den USA auch die zahlreichen Untersuchungen über den Einfluss der Werbespots auf die Essgewohnheiten der Kinder. Schon 1980 wurde festgestellt, dass in
amerikanischen Kinderprogrammen 80 Prozent der Werbespots den Themen Spielzeug, Cornflakes, Süßigkeiten, Snacks
und Fast-Food-Restaurants gewidmet waren. 1990 fanden For-

scher heraus, «dass sechs von zehn Werbespots am Samstagmorgen für Produkte werben, die mit Nahrung zu tun haben. Die meisten Nahrungsmittel, die die Kinder hier zu sehen bekommen, sind überzuckerte Produkte wie gesüßte Cornflakes, Kuchen, Süßigkeiten, süße Getränke und Kekse (...). Die Werbespots sind meist lustig, temporeich, fantasievoll, von fesselnder Musik und Jingles begleitet und zeigen sympathische Darsteller. Nahrung wird in Verbindung gebracht mit Spaß, positiven Eigenschaften, Belohnungen und aufregenden, berühmten Persönlichkeiten.»[70] Aber auch in den allabendlichen Spielfilmen werden außerordentlich häufig Menschen beim Essen oder Trinken gezeigt,[71] selten allerdings bei einer regulären Mahlzeit; meistens werden Snacks verzehrt, ganz «nebenbei», wie es ja auch vor dem Bildschirm geschieht.

Bei solchen Vorbildern nimmt es nicht wunder, dass Übergewicht und extreme Fettsucht in den USA mittlerweile nahezu epidemische Ausmaße erreicht haben, besonders unter den Schulkindern und Jugendlichen, wie die Forscher 1990 feststellten: 25 Prozent der Kinder und 30 Prozent der Jugendlichen hatten Übergewicht, die extreme Fettleibigkeit war in fünfzehn Jahren um 98 Prozent angestiegen.[72]

Fettleibigkeit jedoch wird auf dem Bildschirm konsequent ausgeblendet: Fast alle Figuren im Fernsehen sind schlank, haben Idealgewicht und tragen ideale Proportionen zur Schau. Unbekümmert essen und trinken sie die kalorienreichsten Produkte und vermitteln damit dem Zuschauer unausgesprochen die Botschaft: «Du kannst essen, so viel du willst, ohne jemals dick zu werden!» Sie verschweigen, dass nur eine Magersüchtige so viel essen kann, wie sie will, ohne zuzunehmen. Bulimie erscheint also, wie es W. H. Dietz 1990 pointiert formuliert hat, «als die umfassendste Anpassung an die Fernsehbotschaften über Nahrung».[73]

Die amerikanische Forschung hat große Sorgfalt darauf verwendet nachzuweisen, dass diese Bildschirmbotschaften die

Essgewohnheiten von Kindern und Erwachsenen tatsächlich beeinflussen. So wurde 1990 herausgearbeitet, dass ein signifikanter Zusammenhang besteht zwischen Fettsucht und Fernsehkonsum: «Diejenigen, die täglich über drei Stunden lang fernsahen, litten doppelt so häufig an Fettsucht wie diejenigen, bei denen der Fernsehkonsum weniger als eine Stunde täglich betrug.» Ferner zeigte sich, dass «die Zeit, die von nicht-fettsüchtigen Kindern vor dem Fernseher verbracht wurde, die zuverlässigsten Voraussagen darüber ermöglichte, ob im Erwachsenenalter die Gefahr einer Erkrankung an Fettsucht besteht.»[74]

Nancy Signorielli, die sich ausführlich mit den Einflüssen des Fernsehens auf das Ernährungsverhalten befasst hat, schloss ihren Bericht 1995 mit den Worten: «Das Fernsehen und die Medien im Allgemeinen bieten also äußerst problematische und potenziell gefährliche Informationen über Nahrung und Ernährung an. (…) Für uns ist es daher enorm wichtig, uns der raffinierten Botschaften über Nahrung und Ernährung in den Medien bewusst zu werden, besonders, wenn sie sich an Kinder und Jugendliche richten. Wenn wir lange leben und gesund bleiben wollen, müssen wir die Konsequenzen ziehen.»[75]

So richtig dieser Appell an die Vernunft ist – bei Vielsehern dürfte er kaum Wirkung haben, weil sie schon zu tief im Teufelskreis der Sucht stecken: Denn wer viel fernsieht, wird mangels Sport leicht übergewichtig; ist er aber bereits übergewichtig, hat er keine Neigung mehr zum Sport, und so schließt sich der Kreis: Er bleibt vor dem Fernseher sitzen und verzehrt kalorienreiche Snacks, die vor dem Bildschirm, wie im ersten Kapitel gezeigt werden konnte, vom Körper noch weniger verarbeitet werden als beim bloßen Nichtstun.

Wenn Kinder zu Killern werden

Anlässlich des Massakers von Littleton im US-Bundesstaat Colorado meldete die *Süddeutsche Zeitung* am 22. April 1999: «Statistiken besagen, dass Jugendliche bis zum High-School-Examen mehr als 200 000 Gewalttaten in den Medien sehen können und Zeugen von 16 000 Morden im Fernsehen werden.»

Mit solchen und ähnlichen Meldungen wies die Presse in den letzten Jahren wiederholt auf einen Trend hin, der sich auch in Europa – im Zuge der Vervielfachung des Programmangebotes – immer unangenehmer bemerkbar machte. Das Überhandnehmen von Gewaltdarstellungen im Fernsehen wurde zu einem Thema, das nicht nur in wissenschaftlichen Fachkreisen äußerst kontrovers diskutiert wurde, sondern auch in den Medien und in der Öffentlichkeit zu erregten Auseinandersetzungen führte – ein in der Fernsehgeschichte bisher einmaliger Vorgang, der die Debatte über Werbespots für Kinder weit hinter sich ließ.

Selten wurde eine Diskussion über Medienwirkungen so leidenschaftlich geführt, selten aber auch blieb sie so diffus in ihren Ergebnissen wie hier. Da wurde z.B. (nicht zu Unrecht, aber in der Sache zynisch) auf die kommerziellen Zwänge hingewiesen, unter denen die Sender im täglichen Kampf um die Einschaltquoten stünden. Aus dieser Sicht, so schreibt Udo Michael Krüger, «erscheint der ansteigende Einsatz von Gewalt und Sex bei zunehmendem Wettbewerb unvermeidbar, will man durch starke Aufmerksamkeitserregung hohe Reichweiten erzielen, um zu kommerziellem Erfolg zu gelangen. Schädliche Nebenwirkungen in Einzelfällen können offenbar in Kauf genommen werden, zumal der Nachweis eines Kausalzusammenhanges kaum zu erbringen ist.»[76]

Andere hielten dagegen, dass Gewaltdarstellungen auf dem Bildschirm kommerziell gar keinen Gewinn brächten, wenn es nicht auch Zuschauer gäbe, die sie goutieren. In der Tat deuten viele Untersuchungen darauf hin, dass es zahlreiche Fernseh-konsumenten gibt, die selbst extreme Gewalt nicht nur tolerie-ren, sondern ausgesprochen genießen. Ihre Zahl scheint der Zahl derer, die sich darüber empören, in etwa die Waage zu halten. Daran schließt sich oft die Frage an: Was verstehen wir überhaupt unter Gewalt? Kinder z.B. finden die «Unterhal-tungsgewalt» in Fiction-Filmen und Cartoons sehr attraktiv. Ist das bereits bedenklich? Oder suggerieren wir den Kindern auf diesem Wege erst recht die Harmlosigkeit und Folgenlosigkeit von Gewalt?

Vollends unlösbar erschien die Frage, ob Gewalttaten auf dem Bildschirm Kinder und Jugendliche zu Nachahmungstaten ver-anlassen. Hartnäckig vertraten manche Forscher jahrelang die These, dass Fernsehen ganz im Gegenteil Aggressivität sogar abbaue, indem sich der Aggressionstrieb rein in der Fantasie ausleben könne (Katharsis-Theorie) oder wenigstens gehemmt werde durch eine vom Bildschirm erzeugte Angst vor Aggres-sion (Inhibitionsthese). Im Übrigen sei nirgends ein schlüssiger Beweis zu finden, dass Bildschirmgewalt reale Gewalt nach sich ziehe. Auch die These, dass das fortgesetzte Ansehen von Gewaltdarstellungen den Zuschauer allmählich dazu bringe, Gewalt als ein alltägliches Phänomen zu akzeptieren, sei durch Langzeituntersuchungen widerlegt.

Gleichwohl konnte sich die Forschung letztlich der Einsicht nicht verschließen, «dass weder die gutwillige, aber verharm-losende Katharsisthese noch die Inhibitionsthese haltbar sind, sondern dass es durchaus schädliche Wirkungen geben kann – auch wenn diese in ihrer Kausalität noch nicht hinreichend be-weisbar sind».[77] Der Druck der öffentlichen Meinung wuchs, und so wurde der Gesetzgeber tätig, die Sender sahen sich durch die regelmäßigen Veröffentlichungen des Gewaltanteils in den einzelnen Programmen bloßgestellt und beeilten sich, den Imageverlust durch freiwillige Selbstkontrolle wettzuma-chen. Die Öffentlichkeit schien ihr Ziel erreicht zu haben. Da aber bisher nur feststeht, «dass Gewaltdarstellungen durchaus negative Wirkungen auf Problemgruppen haben können», weiterhin aber in der Wissenschaft große Unsicherheit herrscht «hinsichtlich der Art und Reichweite der Wirkungen von Fernsehgewalt auf diese Problemgruppen»,[78] konnten die Restriktionen nicht allzu streng ausfallen. Gerichtsfeste, wissenschaftlich unanfechtbare Beweise für den direkten Zusammenhang zwischen Fernsehgewalt und einer konkreten Gewalttat sind praktisch nicht zu erbringen, und so wurde das Problem nur abgemildert, nicht aber behoben.

Das Leben indessen sprach seine eigene Sprache. Seit 1996 riss die Kette von Schülermorden an amerikanischen Schulen nicht mehr ab, und das Ausmaß der Metzeleien wurde immer beängstigender:

- Am 2. Februar 1996 erschoss im Staat Washington ein Vierzehnjähriger einen Lehrer und zwei Schüler.
- Am 19. Februar 1997 erschoss in Alaska ein Sechzehnjähriger den Schulleiter und einen Mitschüler.
- Am 1. Oktober 1997 erstach ein sechzehnjähriger Schüler in Mississippi seine Mutter, fuhr in die Schule und erschoss dort zwei Mädchen, sieben weitere Kinder wurden schwer verletzt.
- Am 1. Dezember 1997 erschoss ein vierzehnjähriger Schüler in Kentucky bei einer Morgenandacht drei Klassenkameraden und verletzte fünf andere. Seinen eigenen Angaben zufolge imitierte er die Handlung eines Videofilms.
- Am 24. März 1998 ereignete sich in Jonesboro (Arkansas) ein Massaker besonderer Art: Zwei Jungen, elf und dreizehn Jahre alt, zogen sich Kampfanzüge an, bewaffneten sich mit einem ganzen Arsenal von Schusswaffen, liefen zum Pausenhof ihrer Schule und schossen wild auf Schüler und Lehrer. Hinterher waren sie selbst fassungslos, was sie angerichtet hatten: Fünf Menschen starben, zehn weitere wurden teils schwer verletzt. Der Gouverneur von Arkansas suchte

die Schuld «in einer Kultur, in der Kinder im Fernsehen und im Kino Zehntausenden von Morden ausgesetzt sind».[79]

- Am 24. April 1998 erschoss ein vierzehnjähriger Schüler in Pennsylvania bei einem Schulball einen Lehrer und verletzte weitere drei Personen.
- Ein Fünfzehnjähriger erschoss am 21. Mai 1998 in Oregon seine Eltern und danach in der Caféteria seines Gymnasiums einen Mitschüler, neunzehn wurden verletzt.
- Den vorläufigen Höhepunkt bildete das Massaker, das zwei Schüler, siebzehn und achtzehn Jahre alt, am 20. April 1999 in Littleton (Colorado) an ihrer Schule anrichteten: Sie erschossen zwölf Schüler und einen Lehrer, verletzten achtundzwanzig Mitschüler, legten im Schulgebäude über dreißig Bomben und töteten dann sich selbst. Wie sich später herausstellte, hatten sie ihre Tat von langer Hand geplant.
- Eine Woche später schoss in Kanada ein vierzehnjähriger Nachahmungstäter zwei Mitschüler nieder, einer starb.

Ähnliche Gewaltausbrüche wurden aus Japan gemeldet (Mörder von Kobe Mai 1997, Welle von Messerstechereien unter Jugendlichen März 1998).

Selbstverständlich wäre es ein Fehlschluss, solche Gewalttaten einfach dem Fernsehen anzulasten und zu meinen, dass das Phänomen damit erklärt sei. Es gibt noch ganz andere, schwerwiegende Gründe für Gewalt in unserer Gesellschaft.[80] Dennoch kommen wir an einer Tatsache nicht vorbei: Das kaltblütige Abknallen von Menschen haben die Schüler, bevor sie es in der Realität vollzogen, unzählige Male auf dem Bildschirm erlebt als einen völlig harmlosen, folgenlos bleibenden Theaterspaß. Mögen die *Ursachen* für ihre Gewalttätigkeit auch ganz woanders zu suchen sein – für die *Ausführung* jedenfalls lieferte der Bildschirm ihnen jede nur erdenkliche Anregung, ja sogar Identifikationsangebote in Gestalt «cooler» Helden, die dem Jugendlichen imponieren.

Und dieselben Erwachsenen, die voller Entsetzen auf den wirklichen Mord blicken, finden den alltäglichen Mord auf dem Bildschirm in Ordnung und lassen zu, dass den Kindern von klein auf die Botschaft eingeträufelt wird, das Schießen auf Menschen sei nur ein Spaß und habe nichts weiter zu bedeuten. Sie vertrauen darauf, dass Kinder Fiktion sehr wohl von Realität zu unterscheiden wissen. Was aber, wenn der Unterschied sich dennoch verwischt? Verbuchen wir das dann als unvermeidlichen «Betriebsunfall» und machen einfach weiter wie gehabt?

Der amerikanische Militärpsychologe Dave Grossmann hat 1999 die Öffentlichkeit eindringlich darauf hingewiesen, dass «durch Gewaltdarstellungen in den Massenmedien und, viel dramatischer, durch gewaltgetränkte interaktive Videospiele» Teenager und Kinder genau denselben Mechanismen ausgesetzt werden, die Berufssoldaten zum Töten konditionieren.[81] Er schrieb dazu: «Bevor ich aus dem Militärdienst ausschied, verbrachte ich fast 25 Jahre als aktiver Infanterieoffizier und Psychologe, dessen Aufgabe es war, Menschen zum Töten fähig zu machen – eine Aufgabe, in der wir es sehr weit gebracht haben. Aber: Die Fähigkeit zu töten kommt nicht von selbst, sie ist nichts Natürliches. Töten muss man lernen. Mir ist heute klargeworden: Genauso, wie wir beim Militär Menschen konditioniert und trainiert haben, damit sie töten können, lassen wir es – völlig kritiklos und blind – unseren Kindern widerfahren.»[82] Als entscheidende Bedingungen für diese Konditionierung nennt er *Brutalisierung* und *Desensibilisierung*. Beide werden durch Gewaltdarstellungen von Kindesbeinen an gefördert.

Nach dem Unglück in Jonesboro wurde Grossmann von zahlreichen europäischen und kanadischen Fernsehsendern interviewt. Aber, so berichtete er, «kein amerikanischer Sender war interessiert. Das US-Fernsehen verschweigt meine Geschichte. Es kennt seine Schuld und will Eingriffe in seine Hoheit verhindern. Nichts bleibt vor den suchenden Augen der

TV-Kameras heute noch versteckt – außer ihrem eigenen schädlichen Einfluss auf Kinder.»[83] Es war schon bemerkenswert, wie die amerikanische Öffentlichkeit auf die Massaker von Jonesboro 1998 und Littleton 1999 reagierte: Zwar räumte der amerikanische Präsident Bill Clinton öffentlich ein, «der durchschnittliche amerikanische Teenager sehe in Fernsehen und Kino bis zum achtzehnten Lebensjahr mehr als vierzigtausend gespielte Morde»,[84] aber die erregte Debatte, die in den USA stattfand, kreiste zur Hauptsache um die Frage, ob der Zugang zu Schusswaffen nicht viel restriktiver gehandhabt werden müsste als bisher.

Damit wurde das Thema verlagert auf einen Grundsatzstreit über die quasi geheiligten Rechte eines freien Mannes in einer freien Gesellschaft, der selbstverständlich auch im Alltag Waffen tragen darf. Zweifellos: Hier ist dringender Diskussionsbedarf, wenn in den USA schon Kindergartenkinder Zugang zu Waffen haben. Aber bei den Massakern lag das Problem doch nicht primär im Waffenbesitz der Täter, sondern in ihren *Motiven*, die sie zu einer solchen Handlung trieben, und da kann die alltägliche Fernsehgewalt nicht einfach ausgeblendet werden, als habe sie damit nichts zu tun. Die Politiker jedoch, bis hinauf zum Präsidenten, beeilten sich, Verschärfungen der Waffengesetze zu versprechen, von einer Eindämmung der alltäglichen Bildschirmgewalt war nirgends ernstlich die Rede. Was muss eigentlich noch geschehen? Ist die Willenslähmung schon so weit vorangeschritten, dass selbst Katastrophen uns nicht mehr wachrütteln?

3. Wie gehe ich als Erwachsener mit dem Fernsehen um?

Totaler Verzicht?

Es liegt in der Logik der permanenten Außensteuerung, dass sie abhängig macht. Man gewöhnt sich daran, ohne Eigenaktivität angenehm unterhalten zu werden, und so gibt es regelrechte Entzugserscheinungen, wenn das Fernsehen einmal längere Zeit ausfällt. In den USA kommen allmählich immer mehr Menschen zu der Einsicht, dass sie wie Suchtkranke abhängig geworden sind von der «Droge im Wohnzimmer», wie Marie Winn einst den Fernseher nannte.[85] Sie versuchen das zu ändern, indem sie an einer der regelmäßig stattfindenden «TV-Turnoff-Weeks» teilnehmen, müssen dann aber oft deprimiert erleben, dass ihre Abhängigkeit viel stärker ist als erwartet; denn sobald sich das Ende der fernsehfreien Zeit naht, erscheint ihnen die Vorstellung, vielleicht auch weiterhin auf den TV-Konsum zu verzichten, undenkbar, ja furchterregend. Zwar könnte man sich vornehmen, künftig weniger lang zu schauen, mehr Sport zu treiben usw., aber das Unterbewusstsein weiß schon aus Erfahrung, dass solche Vorsätze nicht lange halten. Solange das Gerät im Wohnzimmer steht, ist und bleibt es eine Verführung – und so ist binnen kurzem alles wieder beim Alten.

Wie kommen wir gegen diese Verführung an? Es gibt durchaus Menschen, die sich zur Radikallösung entschließen und von heute auf morgen den Fernseher aus ihrer Wohnung verbannen. Soweit ich das beobachten konnte, hatte dieser Schritt, einmal energisch getan, für die Betroffenen nur positive Folgen und brachte ihnen nach eigenem Bekunden mehr Lebensqualität. Doch wäre es meines Erachtens völlig verfehlt, aufgrund solcher Erfahrungen die Menschheit mit der Abschaffung des Fernsehens beglücken zu wollen. Wer das fordert, verkennt, dass erzwungener Fernsehentzug für die Erwachsenen das Problem nicht löst, sondern nur verschiebt. Denn nach durchschnittlich 20 000 Stunden Sehzeit bis zum Erreichen der Volljährigkeit hat die Konditionierung zur Inaktivität schon so tief gewirkt, dass der Entzug des Geräts ein riesiges Loch hinterlassen würde, eine entsetzliche innere Leere, die die meisten Menschen nicht zu füllen wüssten. Tiefe Depression wäre die Folge und der sehnliche Wunsch, zu dem alten Zustand zurückkehren zu können.

Die entscheidende Aufgabe ist also nicht, die Menschen von der Mattscheibe fernzuhalten, sondern sie zu befähigen, sich Schritt für Schritt die notwendige innere Freiheit zu erwerben, die es ihnen ermöglicht, sich von der Fremdbestimmung durch den Bildschirm zu emanzipieren. Auch ohne auf das Fernsehen zu verzichten, kann jeder solche Schritte tun, vorausgesetzt, er hat den Willen dazu und wendet die im Folgenden beschriebene Taktik der kleinen, aber gezielten Schritte an – eine Taktik, die versucht, Pflöcke einzuschlagen in das Meer der Passivität.

Pflöcke einschlagen in das Meer der Passivität!

Eine solche Maßnahme wäre, die verloren gegangene Zeitkontrolle zurückzugewinnen. Zwar glaubt man ja immer, Herr der Situation zu sein, aber wer sich selbst beobachtet, weiß nur zu gut, wie selten die Zeit, die man sich vorgenommen hatte, auch wirklich eingehalten wird. «Nur mal kurz reinschauen, dann höre ich auf!», sagt man da zu sich selber, und ehe man es sich versieht, ist der Abend herum, den man eigentlich mit ganz anderen Dingen verbringen wollte. Zurück bleibt das schale Gefühl, wieder einmal der eigenen Schwäche erlegen zu sein.

Was also ist zu tun? Gute Vorsätze nützen nichts, wenn das Ziel zu hoch gesteckt ist. Man sollte sich zunächst ganz kleine, bescheidene Ziele setzen, die erreichbar sind. Wer z.B. wiederholt mit der Stoppuhr in der Hand nach genau fünf Minuten ausschaltet, gleichgültig, was gerade gesendet wird, der hat sich seiner Willenskraft positiv versichert und kann sich etwas Schwereres vornehmen.

Hilfreich ist es, eine Zeit lang dazu überzugehen, vor dem Einschalten des Gerätes erst in aller Ruhe die Programmzeitschrift zu studieren und sich ganz bewusst für eine einzige Sendung zu entscheiden, die einem wichtig ist oder einen besonders interessiert. Welcher Art die Sendung ist, darauf kommt es nicht an, sondern darauf, dass man sich selbst dazu zwingt, den Fernseher erst zu Beginn der gewählten Sendung einzuschalten und nach ihrem Ablauf auch sofort wieder auszuschalten. Verlängert man «nur ganz kurz», ist die Schlacht in der Regel schon verloren.

Wiederholt man diesen Vorgang öfter, kommt viel mehr Bewusstheit in den Auswahlvorgang, und man weiß immer besser das Wesentliche vom Unwesentlichen zu trennen. Ferner bekommt man beim entscheidenden Moment am Schluss, wenn es ums Ausschalten geht, sich selbst allmählich in die Hand, und das erst gibt die Kraft, sich gegen den Sog des Bildschirms zu behaupten.

Falls es aber so ist, dass man nichts Bestimmtes sehen will und nur ein wenig Unterhaltung sucht, dann kann man trotzdem einen Aktivitätspflock in das uferlose Bildermeer einschlagen, indem man sich vorab einen Wecker stellt und bei dessen Läuten unverzüglich ausschaltet.

Aufmerksamkeit statt Wegdämmern

Die vorgenannten Übungen galten der selbst gesetzten Begrenzung der Sehzeit, um die Zeitkontrolle zurückzugewinnen. Man kann einen Schritt weiter gehen und versuchen, auch während des Sehvorgangs dem mitreißenden Bilderstrom etwas entgegenzusetzen, was aus dem eigenen Willen stammt, und zwar eine gesteigerte Aufmerksamkeit. Um sie einigermaßen aufrechterhalten zu können, muss man ihr ein Ziel geben. Zum Beispiel könnte man sich vornehmen, nach Ablauf der Sendung zu protokollieren, was man gesehen hat. Ausführlichkeit ist dabei nicht gefragt, sondern nur der Versuch, sich Rechenschaft zu geben über den Inhalt der Sendung. Man wird dabei bald bemerken, wie schwierig das beim Fernsehen ist, aber gerade dann lohnt es sich, mit der Übung fortzufahren, denn dadurch werden einem die enormen Widerstände, die der Bildschirm jeder Wachheit und Eigenaktivität entgegensetzt, immer bewusster, und gerade darin liegt ein wichtiges Element der Emanzipation von seinem magischen Bann.

Eine andere, recht anspruchsvolle Übung ist folgende. Wenn man mit größtmöglicher Wachheit die Berichterstattung des Fernsehens über ein bestimmtes Ereignis verfolgt hat, kann man einen Vergleich anstellen mit Berichten über denselben Vorgang in einer der großen Tageszeitungen, die für die Qualität ihrer Berichterstattung bekannt sind. Man wird dann vielleicht überrascht feststellen, wie viel größer die Informationsdichte in einer Zeitung ist als in einer Tagesschau: Glaubte man zuvor, durch das Fernsehen ganz besonders gut informiert zu werden, so zeigt sich jetzt, dass eine halbe Stunde Zeitunglesen ungleich mehr Informationen und Einsichten vermitteln kann als eine halbe Stunde Tagesschau.

Bei wiederholter Übung wird vor allem deutlich, dass dem Medium Fernsehen bei der Übermittlung komplexer Sachverhalte grundsätzliche Schranken gesetzt sind. Gedankliche

Zusammenhänge darzustellen ist im Medium des Bildes viel schwerer als im Medium des Wortes, ja oft sogar ganz unmöglich. Wirkliches Verständnis aber für die komplizierten Verhältnisse z.b. unseres Wirtschaftslebens oder internationaler Verwicklungen zu gewinnen ist unabdingbar notwendig, wenn aus dem Massenmenschen ein mündiger Bürger werden soll. Dazu kann diese Übung ein Beitrag sein, indem sie uns kritikfähig macht gegenüber dem Fernsehen und zu einer nüchternen Einschätzung seiner Stärken und Schwächen führt. Die notwendige «Ent-Mythisierung» ist dann kein leeres Wort mehr, sondern findet real statt.

Gegengewichte schaffen!

Die genannten Vorschläge sollen und können nur eine Anregung sein. Wer sich ernstlich bemüht, seine Willensfreiheit gegenüber dem Bildschirm zurückzugewinnen, wird sicher auch noch andere Möglichkeiten finden, wie er sich selber schulen kann. Die physiologischen Wirkungen des Bildschirms werden dadurch freilich nicht aus der Welt geschafft; darüber sollte man sich keiner Illusion hingeben. Jedoch wird ihre Durchschlagskraft auf den Organismus und die Psyche ein Stück weit zurückgedrängt, wenn es gelingt, in den Zustand der völligen Fremdbestimmung hier und da Momente der Selbstbestimmung einzubauen, Inseln der Freiheit, die willentlich erkämpft sind.

Nicht weniger wichtig und auf Dauer sogar noch wirkungsvoller ist jedoch der Versuch, die negativen Einflüsse des Fernsehens zu kompensieren durch kräftige Gegengewichte außerhalb der Fernsehzeit. Gemeint sind hier langfristige Maßnahmen, die zur Steigerung der eigenen Aktivität beitragen. Das kann im Prinzip jede Tätigkeit sein, der man aus reinem Interesse nachgeht, sei es irgendein Hobby, das Kreativität und Geschick verlangt, sei es Bücherlesen, der Besuch kultureller Veranstaltungen, eine wissenschaftliche Tätigkeit oder eine Abenteuerreise, Mitarbeit in einem Umweltverband oder die Pflege sozialer Kontakte in der Freizeit. Die Hauptsache ist, dass der Antrieb zu solchen Tätigkeiten aus uns selbst kommt und sie uns auch etwas abverlangen an persönlichem Einsatz, Zeit und Kraft, und dass wir dadurch ein nachhaltiges Interesse entwickeln für Phänomene der Natur oder Kultur, der Technik oder des sozialen Lebens.

Rege Tätigkeit, forscherische Neugier, lebhafte Anteilnahme an Weltvorgängen, Begeisterung für selbst gesteckte Ziele, energische Ausbildung des eigenen Könnens – das sind die besten Garanten für eine aktive, vollkommen selbst bestimmte Gestaltung der Freizeit. Und je stärker sie den eigenen Lebensstil bestimmen, desto geringer wird der Reiz des Fernsehens, der Umgang mit ihm versachlicht sich und beschränkt sich zusehends auf das Notwendigste oder hört sogar ganz auf, weil man sich schneller und effektiver aus den Printmedien zu informieren gelernt hat. Kurz: Ein Zustand der persönlichen Freiheit tritt ein, wie er dem heutigen Menschen angemessen ist.

Ganz besonders geeignet, ein Gegengewicht gegen die Inaktivierungsmaschine Fernsehen zu schaffen, sind künstlerische Tätigkeiten aller Art. Denn sie fügen zu dem aktiven Interesse noch zwei weitere, höchst wichtige Qualitäten hinzu: die Intensivierung des Wahrnehmungsvermögens und die Steigerung der schöpferischen Kräfte. Wer Bilder malt oder an Plastiken arbeitet, wer Theater spielt oder musiziert (um nur einige Beispiele zu nennen), der arbeitet nicht nur an einem Gegenstand, sondern auch und vor allem an sich selbst. Denn ein Künstler wird erst dann produktiv, wenn sich sein Wahrnehmungsvermögen über das übliche Maß hinaus vertieft und erweitert, wenn er sich selbst fortwährend Fähigkeiten abverlangt, die erst noch auszubilden sind. Dadurch tritt die Individualität immer reiner hervor, aber diese Individualität ist keine fertige, statische, sondern eine immerfort sich entwickelnde und verwandelnde. Werdend wird der Mensch immer mehr er selbst.

4. Kinder und Fernsehen

Kinder sind keine Mini-Erwachsenen

Das Kind als unvollständige Miniaturausgabe eines Erwachsenen – dieses Bild herrscht leider noch immer weithin, gerade so, als habe es die Erkenntnisse eines Piaget und anderer Entwicklungspsychologen nie gegeben. Selbst Fachleute, die vorgeben, vom Thema Kinder und Medien etwas zu verstehen, setzen nicht selten unreflektiert voraus, dass Kinder im Prinzip über die gleichen Fähigkeiten und Denkformen wie Erwachsene verfügen, nur dass sie graduell noch nicht so ausgebildet und perfektioniert seien. So forderte beispielsweise die CDU-Fraktion im Düsseldorfer Landtag am 14.1.1999 in einem Antrag an die Landesregierung, die Kinder müssten bereits im Kindergarten «lernen, sinnvoll, selbstverantwortlich, verantwortungsbewusst und kompetent mit den Medien umzugehen», Forderungen, die sie dem Gutachten einer Expertengruppe der Universität Koblenz-Landau entnommen hatten. Was selbst Erwachsene mit Mühe einlösen, soll schon von den Kleinsten geleistet werden?

Was von solchen Forderungen zu halten ist, wird deutlich, wenn man erfährt, dass diese Experten im Auftrag der Landesanstalt für Rundfunk in Nordrhein-Westfalen gearbeitet haben. Offensichtlich geht es darum, den Markt auszuweiten und neue Konsumentenschichten zu erschließen. Wie sonst könnte man sich derartig ignorant über elementarste Gesetze der kindlichen Entwicklung hinwegsetzen?

Selbstverantwortliches, verantwortungsbewusstes Handeln – das ist nicht der Anfang, sondern das Ende einer Entwicklung, die bis weit in die Schulzeit hineinreicht und erst mit dem Mündigkeitsalter ihrem Höhepunkt entgegengeht. An ihrem

Anfang steht eine völlig andere Aufgabe, der sich das Kind mit aller Intensität zu widmen hat und widmet, nämlich die Ausgestaltung der leiblichen Organe, mit denen es sich als Mensch wahrnehmend, erlebend und handelnd in die Welt hineinstellen kann. Denn das ist charakteristisch für die Gattung der «Frühgeborenen», wie Adolf Portmann den Menschen nannte, dass die gesamte Leiblichkeit bei der Geburt noch unvollkommen entwickelt ist und zu ihrer Ausgestaltung der Reize und Tätigkeiten bedarf, die dem Kind aus der Umwelt zukommen .

Das kleine Kind ist dazu prädisponiert, sich diesen Umwelteinflüssen mit einer Totalität hinzugeben, von der sich der Erwachsene kaum mehr einen Begriff machen kann. Alles, was es aufnimmt und tut, wirkt in den ersten Jahren noch prägend bis in die Organstrukturen hinein, weil es sich mit dem, was ihm die Welt entgegenbringt, restlos identifiziert. Sein ganzes Wesen ist wie ausgegossen in die Umgebung, ist aktive Hingabe an die Welt. Oder anders gewendet: Das kleine Kind ist ganz und gar Sinnesorgan. Es bildet seinen Leib an und mit den Sinneseindrücken, die es empfängt, an und mit den Tätigkeiten, zu denen es Anregungen erhält.

Erst um das zehnte Lebensjahr herum werden die Kräfte allmählich frei, die bis dahin mit der feineren, für das Leben entscheidenden Ausgestaltung der Organe und des Gehirns beschäftigt waren, und ziehen sich gewissermaßen nach innen zurück. Eine deutliche Abgrenzung gegenüber Welt und Menschen beginnt, ein seelischer Innenraum entsteht, der in der Pubertät vollständiges Eigenleben gewinnt. Jetzt erst kommt der junge Mensch in jenen Dualismus zwischen Außen und Innen, Ich und Welt, der dem Erwachsenen so selbstverständlich ist, dass er meint, so müsse es schon immer gewesen sein. Mit einem gewissen Recht betrachtet er jetzt Sinnesreize als bloße Informationen, zu denen man sich nach Belieben stellen kann und mit denen man bewusst umgeht. So ist es aber für das kleine Kind gerade nicht: Dort haben Sinnesreize leibgestaltende Kraft, gegen die eine bewusste Abwehr gar nicht möglich ist. Insofern kann beim Kind auch keine Rede sein von einem kompetenten Umgang mit den Sinneseindrücken und erst recht nicht von Verantwortung. Die Verantwortung liegt noch voll beim Erwachsenen.

«Fenster» in der Entwicklung des Kindes

Im Ganzen gesehen ist die Phase der Prägbarkeit des Kindes durch Sinneseindrücke viel länger, als die meisten annehmen. Sie geht mit allmählicher Abschwächung bis zum zehnten Lebensjahr, teilweise sogar noch bis zum achtzehnten Lebensjahr. Dafür aber geschehen in dieser Zeit auch die für das ganze spätere Leben entscheidenden Prägungen, werden die Grundlagen gelegt für alle Fähigkeiten, über die der Erwachsene dann verfügt. Was in diesen Jahren versäumt wird, lässt sich nie wieder in der gleichen Intensität und Tiefe nachholen. Daher sprechen die Forscher von «Fenstern», die eine Zeit lang offen stehen für die Einflüsse von außen und sich dann weitgehend schließen:

- Die erste grundlegende Entwicklungsphase des Gehirns ist mit drei Jahren abgeschlossen. Wenn in dieser Phase dem Kind die Palette möglicher Tätigkeiten und Erfahrungen nur eingeschränkt zur Verfügung stand, bilden sich viele neuronale Verbindungen nicht aus, und das Gehirn bleibt in seiner Größe um 25-30 Prozent zurück.[86]
- Aufrechtstehen, Gehen und die Koordination der Hände werden in den ersten vier Jahren erlernt. Ab dem vierten bis zum zehnten Lebensjahr steht dann die Möglichkeit offen, die Feinmotorik der Hände und Gliedmaßen durch vielfältigste Anregung auszubilden; danach lässt die Bildbarkeit rapide nach.

- Ebenfalls bis zum vierten Lebensjahr entfalten sich unter natürlichen Bedingungen Sehschärfe und plastisch-räumliches Sehen.

- Die feinmotorische Führung der Augenmuskulatur jedoch, die zur gezielten, planvollen Erkundung des Sehraumes eingesetzt wird, ist mit vier Jahren keineswegs fertig ausgebildet. Sie benötigt – ebenso wie die Feinmotorik der Hände und Gliedmaßen – weitere Jahre bis zu ihrer vollen Reife. Bis zum neunten Lebensjahr etwa bleibt ihre Effizienz noch deutlich zurück hinter derjenigen von Jugendlichen und Erwachsenen.[87] Neueste Forschungen haben sogar ergeben, dass wesentliche Komponenten der Blicksteuerung erst mit achtzehn Jahren voll zur Verfügung stehen![88]

Auf die erste, grundlegende, bis zum vierten Lebensjahr reichende Phase folgt also noch eine lange Phase der Reifung und Ausgestaltung bis mindestens ins zehnte Lebensjahr hinein. Vom Gelingen dieser zweiten Phase hängt das Erreichen des vollen Fähigkeitenpotenzials ab.

Kindliches Lernen und Fernsehen

Das Kind lernt in der ersten Phase seiner Entwicklung nicht mit dem Kopf, sondern mit dem ganzen Leib. Es stellt sich nicht mit dem denkenden, registrierenden und verarbeitenden Verstand dualistisch der Welt gegenüber, sondern verbindet sich körperlich mit den Dingen. Es «be-greift» und «er-fasst» nur, was es zuvor mit den Händen greifen und anfassen durfte; es «ver-steht», nachdem es Stehen und Gehen gelernt hat. Alle Erfahrung ist in diesem Alter noch sinnlich konkret, «handgreiflich».

Daher muss es uns bedenklich stimmen, wenn das Kleinkind

durch den Fernseher mit einer Scheinrealität konfrontiert wird, an der es die handgreiflichen Erfahrungen gar nicht machen kann, die es zu seiner Entwicklung braucht. Die Wohnung der Eltern – das ist ein konkreter, dreidimensionaler Raum, den das Kind körperlich erfahren kann, indem es ihn durchläuft und erklettert, betastet und riecht, mit den Augen mustert und bis in alle Winkel erforscht. In die Räume jedoch, die auf dem Bildschirm zu sehen sind, kann das Kind nicht hinein, und sie fallen auch völlig heraus aus seiner Erfahrungswelt. Da wird vielleicht gerade ein südlicher Palmenstrand gezeigt oder die Luftaufnahme einer Großstadt bei Nacht, im nächsten Moment das Menschengewühl in einem Kaufhaus oder Fische im Aquarium – und derweil breitet sich um den Bildschirm herum das Wohnzimmer aus. Für den Erwachsenen ist es ein Leichtes, davon zu abstrahieren und die zwei Realitätsdimensionen auseinander zu halten. Für das Kleinkind aber gibt es nur die eine Welt, die der Körpererfahrung, und die ist abgeschaltet, solange der Bildschirm angeschaltet ist.

Mit Recht hat Buzzell darauf hingewiesen,[89] was es für die Gehirnentwicklung bedeutet, wenn dem Kind ein solches Auseinanderbrechen seiner Erfahrungswelt zugemutet wird: Bildschirmrealität und Umgebungsrealität stellen keine zusammenhängende Ganzheit mehr dar, in die das Kind physisch real eingebunden wäre, und so kommt es zu einer geradezu pathologischen Spaltung des Wahrnehmungsvorgangs in einen Bereich, wo volle Aktivität möglich ist und die Welt sich dem eigenen Zugriff erschließt, und einen Bereich, wo dieser Zugriff nicht möglich ist und folglich sich auch keine Gehirnstrukturen bilden können. Gewissermaßen bedeutungslose Informationen prasseln auf das Auge, und je länger der Vorgang dauert, desto schwerer wird die kindliche Entwicklung beeinträchtigt. Von «Lernen» kann unter diesen Umständen keine Rede sein.

Aber damit nicht genug: Zu allem tritt auch noch die Bewegungslosigkeit hinzu, in die das Kind durch den Bildschirm gezwungen wird, und sie allein schon wäre problematisch genug, da alle infrage kommenden Körper- und Gehirnfunktionen sich nur durch Bewegung ausbilden können. Bewegung ist das Lebenselement des Kindes. Wer sie abschaltet, beraubt das Kind seiner wichtigsten Tätigkeit. Deprivation nennen die Wissenschaftler einen solchen Entzug, eine «Beraubung», und sie hat in diesem Alter so schwerwiegende Folgen, dass sie als eine Form von Gewaltanwendung bezeichnet werden muss.

Gehirnentwicklung bis zum zehnten Lebensjahr

Wir können aus alledem nur den Schluss ziehen: Kinder vor dem vierten Lebensjahr vor den Fernseher zu setzen ist indiskutabel. Die Programme mögen noch so «kindgerecht» gestaltet und gut gemeint sein, sie können nicht aufwiegen, was dem Kind an Schaden zugefügt wird durch die Tatsache, dass der Sehvorgang als solcher bereits eine schwere Deprivation darstellt.

Wie steht es aber mit der zweiten Phase ihrer Entwicklung, vom vierten bis zum zehnten Lebensjahr? Kann man sie da schon ohne Bedenken fernsehen lassen?

Um Anhaltspunkte für eine am Kind orientierte Beurteilung der Frage zu gewinnen, kann es hilfreich sein, etwas von dem gegenwärtigen Stand der Hirnforschung zu erfahren. Der Neurophysiologe Burkhart Fischer schreibt dazu: «Kaum ein Lebewesen kommt so unfertig auf die Welt wie der Mensch. Zwar sind bestimmte vitale Funktionen für ein Überleben schon entwickelt, aber gerade das Nervensystem, das den erwachsenen Menschen später so entscheidend vom Tier abheben soll, ist noch ganz in den Anfängen. Auch wenn der Bauplan für die weitere Entwicklung des Nervensystems genetisch festgelegt sein mag, muss fast alles erst gelernt werden. Deswegen ist gerade in den ersten 18 Lebensjahren (und auch später) die richtige und häufige Herausforderung und erfolgreiche Nutzung der jeweils schon gegebenen Möglichkeiten so wichtig für die Entwicklung des Gehirns und seiner unglaublichen Leistungen. Das gilt auch für die Blicksteuerung.»[90]

Auf welche Prozesse es bei der Gehirnreifung ankommt, erläutert der Sinnesphysiologe Hans Jürgen Scheurle folgendermaßen: «Das Gehirn ist bei der Geburt des Menschen zwar schon weitgehend ausgebildet, aber noch funktionell unreif. Die Nervenzellen haben ihre endgültige Zahl schon fast erreicht. Dagegen sind die Nervenfortsätze und ihre physiologisch-funktionellen Verbindungen, die sog. Synapsen, in der frühen Jugend, aber auch noch über die gesamte Lebenszeit in Entwicklung begriffen. Die weitere Entfaltung der Hirnmasse nach der Geburt beruht fast ausschließlich auf dem Wachstum dieser Nervenverbindungen, welche wesentlich deren späteres Gewicht bestimmen.

Das Nervenwachstum selbst geschieht nicht aus purem Wachstumsdrang, sondern folgt den Entwicklungs- und Lernvorgängen in der Leibesperipherie und der Umwelt des Lebewesens. Dazu gehören insbesondere die Bereiche des Sehens und Hörens. Alle intensiveren oder wiederholten Lernprozesse führen im Nervensystem zu Wachstums- und Organisationsvorgängen mit Ausbildung von neuen Verbindungen zwischen Sinneszellen und Hirngebieten. Durch die neuronalen Organisationsprozesse werden die funktionellen Verbindungen zwischen den vorhandenen Nervennetzen leichter aktivierbar (sog. ‹Bahnung›). Zugleich entstehen hoch differenzierte Verzweigungen, wobei sich mehrere Nerven entweder zu einer gemeinsamen Leitungsbahn vereinen (Konvergenz), oder umgekehrt sich ein einzelner Nervenstrang in mehrere Nervenbahnen aufzweigt (Divergenz) und damit höher differenzierten Funktionen dienen kann.»

Die menschlichen Tätigkeiten schlagen sich also unmittelbar

in der Neubildung von Nervenverzweigungen nieder und verankern sich dadurch als Fähigkeiten in den Gehirnstrukturen. Diese erstaunliche «Plastizität» des Gehirns geht zwar nie ganz verloren, doch gibt es Phasen der Bildbarkeit, die so nicht wiederkehren: «In der frühen Jugend ist das Gehirn naturgemäß noch formbarer als später, obwohl seine Plastizität auch noch im späteren Leben vorhanden ist und die nervalen Verbindungen sich grundsätzlich in jedem Alter noch wandeln können. Umlernen und Umbilden des Gehirns ist jedoch schwieriger als anfängliches Lernen (…) Solange die neuronalen Bahnen noch unorganisiert sind, lassen sie sich leichter formen, als wenn sie schon in einem bestimmten Antwortverhalten ‹ausgehärtet› sind.»

Daher kommt Scheurle zu dem Schluss: «In der normalen Sinnesentwicklung bauen die besonderen Wahrnehmungsfähigkeiten aufeinander auf. Entsprechend ist das Versäumnis, in einer begrenzten Lebensphase bestimmte lebenswichtige Sinnesleistungen auszubilden, später oft nicht mehr nachzuholen.»[91]

Der Fernseher als Kinder-Abschaltmaschine?

Angewendet auf unsere Frage, ergibt sich daraus: Auch die zweite Phase bis zum zehnten Lebensjahr ist noch zu sensibel, als dass man Kindern den Gebrauch des Fernsehers unbesehen freigeben dürfte. Sie sind in diesen Jahren noch elementar angewiesen auf die unnachahmliche Vielfalt von Sinnesreizen, die eine natürliche Umgebung zu bieten hat, und sie brauchen auch jede Menge Gelegenheit, den Reichtum ihrer Fantasiekräfte im freien, spontanen Spiel ausleben zu können, um die seelischen und geistigen Fähigkeiten möglichst differenziert zu entfalten. Und nicht zuletzt brauchen sie alle nur erdenklichen Möglichkeiten zur Ausbildung der Feinmotorik, des Tastsinns, des Gleichgewichtssinns, des Bewegungssinns, der Gliedmaßen-Koordination, um ihre leibliche Entwicklung zu einer gesunden Reife zu bringen.

Die heutigen Lebenssituationen – beengte Wohnverhältnisse, hohe Verkehrsdichte in den Städten, langes Sitzen im Auto – engen den Spielraum der meisten Kinder so stark ein, dass auch ohne das Fernsehen schon schwere Defizite entstehen. Wenn die Erwachsenen dann noch ein Übriges tun und jedes freie Spiel rigoros unterbinden, indem sie die Kleinen vor den Fernsehapparat setzen und ihnen unbegrenzte Sehzeit genehmigen, nur um sich die lästige Geräuschentwicklung vom Leibe zu halten, dann wird eine verhängnisvolle Entwicklung in Gang gesetzt: Der eigenen Bequemlichkeit zuliebe blockieren die Erwachsenen die Bewegungsfreude der Kinder, und diese Bewegungsblockade erweist sich mit der Zeit als schwere Entwicklungsblockade, deren traurige Ergebnisse in wissenschaftlichen Untersuchungen nachzulesen sind: Die bekannten amerikanischen Forscher Dorothy und Jerome Singer beobachteten über Jahrzehnte die Wirkungen des Fernsehens auf Kinder und mussten, mit nur wenigen Ausnahmen, immer wieder konstatieren, dass Fernsehen sich negativ auswirkt auf Spiel, Schulleistungen, Lesen und Sprachentwicklung. Sie schreiben: «Tatsächlich zeigen unsere Untersuchungen deutlich, dass häufiges Fernsehen kleine Kinder dem ernsthaften Risiko aussetzt, keine bedeutsamen Kenntnisse von der Welt zu erwerben und geringere Lesefähigkeit, geringere Fähigkeit, Wirklichkeit und Fantasie zu unterscheiden, geringere Vorstellungskraft, eine furchtsamere Weltsicht und größere Ruhelosigkeit bei mehr Aggression zu entwickeln. Dies alles führt zu einer mangelnden Verhaltensanpassung, wenn das Kind in die Schule kommt.»[92]

Kinder sehen ganz anders

Es geht nicht an, Kinder vor dem Fernseher zu «parken» und sie dort ihrem Schicksal zu überlassen. Wer verantwortlich handeln will, sollte eine klare Entscheidung treffen, ob er sein Kind überhaupt fernsehen lassen will, und wenn ja, in welcher Weise. Der Entschluss, das Kind bis zum Schulalter gar nicht vor den Fernseher zu setzen, kostet Mut, wäre aber aus heutiger entwicklungsphysiologischer und entwicklungspsychologischer Sicht vollauf begründet. Allerdings sollte man dabei einige Dinge beachten, die weiter unten noch zu besprechen sind.

Wer sich entschließt, sein Kind in Maßen fernsehen zu lassen, steht vor der Frage der Auswahl. Die aber kann er nicht sachgemäß treffen, wenn er nicht ein Gespür dafür entwickelt hat, wie anders Kinder in ihrem ganzen Wahrnehmungsverhalten und in ihren Wahrnehmungsmöglichkeiten konstituiert sind als der Erwachsene. Sonst hält er sie eben doch für eine unvollständige Miniaturausgabe seiner selbst und verkennt die besonderen Bedingungen, die bei ihnen vorliegen. Deshalb sollen hier einige Hinweise gegeben werden, vor welchen Schwierigkeiten kleine Kinder stehen, wenn sie fernsehen.

Es klingt wie eine Selbstverständlichkeit und muss doch immer wieder betont werden: Auch wenn die Wirkung des Bildschirms nicht mehr so fundamental ist wie in den ersten drei bis vier Lebensjahren, so stehen doch weiterhin die Sinne der Kinder weit offen für alle Einwirkungen von außen, gute wie schlechte. Die Kinder können noch nicht kritisch hinterfragen, was auf sie zukommt, sie können und wollen nicht auf Distanz gehen zu dem, was ihnen die Welt entgegenbringt, sondern im Gegenteil sich lebhaft damit verbinden. Abstraktionen, wie sie dem Erwachsenen selbstverständlich sind, liegen ihnen fern; sie nehmen alles so, wie es sich darbietet.

Im natürlichen Leben ist diese freudige Hingabe an die

Sinneswelt die große Stärke der Kinder, vor dem Fernseher aber wird sie zur Achillesferse. Denn dort werden Anforderungen an sie gestellt, denen sie als «visuelle Analphabeten», wie Ute Benz sie nennt, überhaupt nicht gewachsen sind: «Die Naivität des Sehens, die Unfähigkeit, visuelle Eindrücke zu verbalisieren, der Verlust der eigenen Worte gegenüber dem Bild und die Unfähigkeit, ‹hinter› die Bildebene zu sehen, um den Zusammenhang von fremder Absicht und eigener Wirkung zu erkennen», treiben sie in eine Situation der Ohnmacht und Abhängigkeit, die ihrer Entwicklung nur abträglich sein kann.[93]

Der Erwachsene muss daher wissen: Auch in der zweiten Phase halten Kinder noch lange Zeit alles Gesehene für Wirklichkeit, können also Fiktion von Realität nicht unterscheiden.[94] Werbung beispielsweise ist für sie bis zum Alter von fünf bis sieben Jahren noch genauso real wie das übrige Programm; erst mit acht bis zwölf Jahren stellt sich die Fähigkeit ein, die Werbeabsicht zu durchschauen.[95] Im Übrigen bleibt ihnen auch der Plot und das Handlungsgefüge eines Films noch lange verschlossen, sie durchschauen die Zusammenhänge gar nicht und hangeln sich von Bild zu Bild.[96]

«Die Informationsangebote des Fernsehens», so konstatieren Helga Theunert und Bernd Schorb, «helfen ihnen kaum, ihren Horizont zu erweitern. Im Gegenteil, sie sind für die meisten kontraproduktiv, weil zu komplex, zu drastisch oder zu banal. Die Nachrichten bleiben den meisten Kindern unverständlich oder verschrecken sie.»[97] Auch die Darstellung realer Gewalt sowie detaillierte Bilder von Gewaltopfern belasten Kinder, erzeugen Angst und Ekel. «Die Bilder brennen sich in ihren Köpfen ein und verfolgen sie bis in ihre Träume.»[98]

Kinder vor dem Fernseher nicht allein lassen!

Der Erwachsene sollte also Sendungen, von denen er im Vorhinein annehmen kann, dass sie das kindliche Fassungsvermögen übersteigen, dem Kind gar nicht erst anbieten, sondern besser geeignete Programmteile auswählen. In jedem Falle aber sollte er es sich zur Pflicht machen, das Kind beim Fernsehen zu begleiten, selbst dann, wenn es sich um eine reine «Kindersendung» handelt, die leicht verständlich scheint. Ein Kind hat fast immer Fragen oder Beobachtungen, über die es sich mit dem Erwachsenen austauschen möchte, und dazu sollte auch Gelegenheit sein, damit nicht eine Überwältigung durch die Bilder eintritt, sondern eine Bewältigung und sinnvolle Verarbeitung des Gesehenen. Außerdem fördert der Erwachsene auf diese Weise die Bewusstheit des Sehvorgangs, und das ist ein wichtiges Ziel, wenn aus dem Kind kein stumpfsinniger Glotzer werden soll.

Theunert und Schorb haben in ihrer groß angelegten *Untersuchung zum Umgang von Kindern mit realen Gewaltdarstellungen in Nachrichten und Reality-TV* 1995 herausgearbeitet, wie essenziell wichtig die Begleitung der Erwachsenen und überhaupt die Art ihrer Zuwendung ist für die Verstehensmöglichkeiten des Kindes, ganz besonders bei Informationssendungen: «Wie die verschiedenen Kinder Fernsehinformationen wahrnehmen, bewerten und verarbeiten, hängt entscheidend vom intellektuellen Anregungsmilieu und der Art der Zuwendung in der Familie ab. (...) In Schlagworten ausgedrückt, lässt sich das so beschreiben: Wie die Eltern Welt sehen, beurteilen und bewältigen, spiegelt sich in der Weltsicht, dem Menschenbild und den Verarbeitungsfähigkeiten der Kinder. Die Angebote, die die Eltern als Information werten und sehen, sehen auch die Kinder. So viel Bedeutung die Eltern der Fernsehinformation für ihre Sicht von der Welt und des Lebens in ihr zumessen, so viel hat sie auch für die Kinder.»[99]

Fatal wäre es, wenn man aus dieser Anlehnung des Kindes an den Erwachsenen und dessen Sicht der Dinge den Schluss ziehen wollte, Medienkompetenz sei nur zu erwerben, wenn das Kind gezwungen werde, allein mit seinen Wahrnehmungen fertig zu werden. Das Gegenteil ist richtig: Das Kind braucht, wie jeder Lehrling auch, zunächst die Orientierung am Erwachsenen, und je mehr der dem Kind an sachlicher Kompetenz, an Weitsicht und Reichtum der Aspekte zu bieten hat, desto besser für das Kind. Denn wirklich zu «sehen», was man sieht, das ist eine Kunst, die erst einmal gelernt sein will.

Andererseits darf die Anwesenheit eines Erwachsenen kein Freibrief für die Kinder sein, so lange fernzusehen, wie sie wollen, womöglich bis Mitternacht oder noch länger. Die Autorität des Erwachsenen muss sich auch darin zeigen, dass sie aus Einsicht in die Notwendigkeiten kindlicher Entwicklung klare Grenzen setzt und sich darin durch keinen Protest beirren lässt.

Im Übrigen sollte der Erwachsene genügend Selbstkritik besitzen, um zu erkennen, dass auch ihm Grenzen gesetzt sind bei dem Versuch, mit dem Kind während des Fernsehens zu kommunizieren. Denn in der Regel kennt er die gerade laufende Sendung nicht und wird unter Umständen von der Rasanz der Darstellung selbst so mitgerissen, dass er gar nicht mehr die Zeit findet, dem Kind gewisse Zusammenhänge zu erklären, denn sonst käme er nicht mehr mit und würde den Handlungsfaden verlieren. Schnell stellt sich, auch wenn man mit den besten Absichten hineingegangen ist, die bekannte Sprachlosigkeit vor dem Fernseher ein, und dann ist das Kind doch allein, obwohl der Erwachsene daneben sitzt. Hier kann nur noch ein gründliches Nachgespräch helfen – sinnvollerweise nach Abschalten des Fernsehers!

Abwägen der Prioritäten

Es ist in die Freiheit und Verantwortung der Eltern gestellt, ob sie ihr Kind fernsehen lassen wollen oder nicht. Die folgenden Zeilen wenden sich zunächst an diejenigen Eltern oder Erzieher, die sich entschlossen haben, ihr Kind fernsehen zu lassen. Sie übernehmen eine große Verantwortung. Denn der Fernseher ist, wie in den vorigen Kapiteln gezeigt werden konnte, kein harmloses Gerät, sondern kann tief in die Entwicklung von Kindern eingreifen und bei unkontrollierter Anwendung großen Schaden anrichten. Die größte Gefahr besteht darin, dass der Erwachsene bei seinen Entscheidungen immer nur den Inhalt der Sendung im Auge hat, nicht aber die für das Kind viel einschneidenderen unterschwelligen Wirkungen, die sich einstellen, sobald der Blick auf die Mattscheibe gerichtet wird. Deshalb sei die Gesamtheit der beim Fernsehen wirkenden Faktoren hier noch einmal genannt:

1. Der dargebotene Inhalt als solcher und das Genre der Sendung (z.B. Informationssendung, Spielfilm, Zeichentrickfilm etc.)
2. Die Blickführung durch die Kamera mit allen dazugehörigen Mitteln wie Kameraschwenk, Zoom, Schnitt, Szenenwechsel, Perspektivwechsel etc.
3. Die verschiedenen physiologischen Wirkungen des Bildschirms, unabhängig vom Programm, verbunden mit äußerer Bewegungslosigkeit.

Faktor 1 ist allen Fernsehnutzern im Bewusstsein und findet auch die meiste Aufmerksamkeit, ja wird oft sogar als der einzig ausschlaggebende Faktor angesehen («Programmdiskussion»).

Faktor 2 entzieht sich in der Regel der bewussten Wahrnehmung oder tritt allenfalls als dumpfe Empfindung auf, wenn beispielsweise die Schnitte allzu häufig oder die Wechsel allzu abrupt sind. Die eklatante Wirkung dieser Mittel auf die eigene

Gefühlsbildung, auf Sympathie und Antipathie, auf Stimmungen und Bewertungen wird überhaupt nicht bemerkt.

Faktor 3 wirkt am tiefsten, indem er in die Stoffwechsel- und Nervenprozesse des Körpers eingreift, die sich unterhalb der Bewusstseinsschwelle abspielen, also völlig «subliminal» bleiben. Hier werden Fakten geschaffen, die erst viel später an die Oberfläche treten, wenn die physiologischen Einwirkungen bereits zu dauerhaften Veränderungen geführt haben.

Dieser dritte Faktor, um den sich die Erwachsenenwelt bis heute am wenigsten gekümmert hat, ist für das Kind der allerwichtigste. Denn die «Fenster» seiner leiblich-physiologischen Entwicklung stehen noch so weit offen, dass der Bildschirm hier die tiefsten Wirkungen ausübt – Wirkungen, die kaum mehr rückgängig zu machen sind. Diesem Faktor muss also das größte Gewicht zukommen, wenn es um die Frage geht, was dem Kind im konkreten Falle erlaubt werden soll.

Anders formuliert: Selbst wenn auf einem Kanal ausschließlich gewalt- und werbefreie Kindersendungen angeboten werden, rechtfertigt das noch längst nicht grenzenlosen Konsum. Denn je länger der Konsum dauert, desto stärker kommen die Faktoren 2 und 3 zur Wirkung, und zwar in so negativer Weise, dass es nicht zu verantworten ist.

Die Sehzeit begrenzen und Eigenaktivität anregen!

Nicht weniger wichtig als die Programmauswahl durch den Erwachsenen ist daher eine bewusst gehandhabte Begrenzung der Sehzeit, angepasst an den Entwicklungsstand des Kindes. Die bei Sechs- bis Achtjährigen heute schon weit verbreiteten Sehzeiten von zwanzig bis dreißig Wochenstunden, teilweise auch noch darüber,[100] sind mit Sicherheit zu hoch. Im Übrigen sollten die Erzieher es sich angelegen sein lassen, dem

Kind so viel wie möglich Raum und Zeit zu geben für kreatives Spielen, für lebhafte Sinneserfahrungen und rege Eigenaktivität. Da Kinder unter den heutigen Umständen oft nicht mehr von selbst in solche Tätigkeiten hineinfinden, wird der Erwachsene auch hier einiges aufbieten müssen, um die entsprechenden Anregungen zu geben. Jede noch so kleine Bemühung auf diesem Felde lohnt sich, ja, man kann gar keine bessere Investition in die Zukunft seines Kindes machen als die, ihm täglich etwas vorzulesen oder selber zu erzählen statt das den Medien zu überlassen, mit ihm zu singen und es in die täglichen Arbeiten einzubeziehen, kleine Bewegungsspiele zu machen oder Basteleien zu veranstalten, die das Kind dann selbstständig fortsetzen kann.

Indessen sollte der Erwachsene seine Aufgabe nicht dahingehend missverstehen, dass er vor lauter Übereifer in die Rolle des Animateurs und Entertainers schlüpft, der das Kind durch rastlosen Aktionismus bei Laune zu halten sucht. Damit würde er nur «Fernsehen live» veranstalten und die Eigenaktivität des Kindes gerade nicht herausfordern. Es geht darum, den natürlichen Tätigkeitsdrang zu wecken und in sinnvolle Bahnen zu lenken. Das fordert vom Erwachsenen nicht unbedingt viel Zeit, sondern etwas Fantasie und Einfühlungsvermögen. Einmal auf den Weg gebracht, wissen Kinder sich sehr gut selbst zu beschäftigen.

Innere Bilder fördern!

Der Erwachsene kann seine Verantwortung für eine strikte Begrenzung der Sehzeit gar nicht ernst genug nehmen. Wenn es dafür noch eines Beweises bedurfte, so haben ihn die jüngsten Befunde amerikanischer Hirnforscher erbracht, die beim Messen der Hirnaktivität von «TV-Kids» feststellen mussten, dass ein exzessiver Fernsehkonsum verheerende Wirkungen hat: «Bei Kindern, die zehn bis fünfzehn Stunden täglich vor dem Fernseher sitzen, ist die Hirnrinde leer wie eine Wüste», referiert der Sinnesphysiologe Horst Prehn in einer Pressenotiz[101] und fährt fort: «Sie leiden unter einem völligen Verlust der Imaginationsfähigkeit.» Einige Kinder seien nicht einmal in der Lage, so alltägliche Dinge wie eine Tasse aus dem Gedächtnis zu zeichnen.

Dieser krasse Fall zeigt, was auf dem Spiele steht: Die Fähigkeit, sich innere Bilder zu schaffen – seien es bewusst hervorgerufene Vorstellungsbilder, seien es freie Fantasiebilder –, wird umso stärker unterdrückt, je länger das Fernsehen andauert, und mit der Zeit geht diese Fähigkeit ganz verloren. Verbunden mit der beschriebenen Blickstarre, blockieren die von außen hereinprasselnden Fernsehbilder offenkundig die bildschaffende Kraft der Fantasie und des Vorstellungsvermögens, die ja ganz von innen kommen und nur durch eigene Aktivität wachgerufen werden können.

Wesentlich gefördert werden diese bildschaffenden Kräfte vom freien Spiel. So kann es nicht überraschen, dass Dorothy Singer am Ende einer langen Untersuchungsreihe zu Spiel und Fantasie bei drei- bis vierjährigen Kindern zu dem Ergebnis kam: «Beim Vergleich der Daten über Spielverhalten und Fernsehkonsum stellten wir fest, dass diejenigen, die am wenigsten fernsahen, die meiste Fantasie besaßen.»[102]

Wichtig ist aber zu wissen, dass auch das Vorlesen oder Geschichtenerzählen des Erwachsenen fortwährend innere, vom Kind selbst geschaffene Bilder anregt, die an Tiefe und Empfindungssättigung ihresgleichen suchen. Hier werden die Grundlagen gelegt nicht nur für die spätere Lesefähigkeit, sondern auch für alle Denk- und Vorstellungsprozesse, die in der Schule zu erlernen sind. Vielseher erbringen nachweislich deutlich schlechtere Schulleistungen als Wenigseher.

Ist eine fernsehfreie Kindheit praktikabel und sinnvoll?

Eltern, die am liebsten ganz auf das Fernsehen verzichten möchten, werden oft von Zweifeln und Sorgen befallen, ob sie ihr Kind ohne Fernsehen nicht weltfremd machen und ihm dadurch den Weg ins Leben unnötig erschweren. Auch fürchten sie die soziale Isolation des Kindes, wenn es beim Tagesgespräch der Gleichaltrigen über die neuesten Fernsehereignisse nicht mitreden kann. Ist es dann nicht doch besser, das Kind fernsehen zu lassen?

Dazu sind mehrere Dinge zu sagen. Vorweg dieses: Eltern, die von Zweifeln geplagt werden, ob sie den richtigen Entschluss gefasst haben, sollten wissen, dass sich ihre Zweifel unweigerlich auf das Kind übertragen, selbst wenn man sich um strikte Geheimhaltung bemüht. Kinder sind so sensibel, dass sie schon aus leisesten Nuancen heraushören, wie es um die Eltern in Wahrheit steht, und wenn sie bei ihnen große Unsicherheit spüren, vielleicht sogar eine untergründige Angst, schwächt das ihr Selbstvertrauen entscheidend, und sie haben es dann tatsächlich schwer.

Sind sich aber die Eltern ihrer Sache aufgrund der vorliegenden Erkenntnisse über die Wirkungen des Fernsehens einerseits und die kindlichen Entwicklungsnotwendigkeiten andererseits vollkommen sicher, dann gibt das dem Kind genügend Rückhalt und Mut, auch mit schwierigen Situationen im Kameradenkreis fertig zu werden. Starke Individualitäten fördert man nicht durch ängstliches Sichanpassen an den herrschenden Trend, sondern eher durch ein mutiges Einstehen für abweichende Positionen.

Andererseits sollten Eltern aber auch nicht blind darauf vertrauen, dass Fernsehabstinenz allein schon das Kind auf die rechte Bahn bringen werde. Ihr Vertrauen in die Selbstbehauptung des Kindes ist nur berechtigt, wenn sie alles, aber auch wirklich alles in ihren Möglichkeiten Stehende getan haben, um dem Kind die volle Ausbildung seiner leiblichen, seelischen und geistigen Kräfte zu ermöglichen, sowohl durch reiche, vielfältige Sinneserfahrung als auch durch Bewegungsmöglichkeiten aller Art, durch musisch-künstlerische Tätigkeiten, durch eine bewusste Pflege der gesprochenen Sprache, durch kreatives Spiel, durch Naturerlebnisse usw. Dann hat der junge Mensch die nötigen Gegengewichte bekommen, von denen weiter oben die Rede war, und ist mit einem Überschuss an Aktivitätskräften ausgerüstet, der ihn stark macht für das Leben. Und sollte ihm wirklich etwas an Bildung oder Wissen entgangen sein, wird er das später innerhalb kürzester Frist aufholen und schon bald jeden Vielseher überflügeln.

Im Übrigen ist beim Fernsehen für ein Kind überhaupt nichts Wesentliches zu verpassen, außer der unwiederbringlichen Zeit, die besser mit aktiven Tätigkeiten verbracht worden wäre. Keine Sendung hat Bildungsinhalte und Wissensschätze zu bieten, die nicht auch und oft viel besser durch Printmedien oder auf anderen Wegen zu erwerben wären. Insofern ist die Befürchtung der Weltfremdheit unbegründet. Eher noch kommt es bei den Eltern selbst zu einer gewissen Weltfremdheit, wenn sie geradezu fanatisch darüber wachen, dass ihr Kind auch nicht den geringsten Kontakt zum Fernsehen bekommt. Sind die oben angesprochenen Fähigkeiten der Kreativität und Eigenaktivität beim Kind genügend ausgebildet worden, dann können Eltern durchaus mit einer gewissen Gelassenheit zuschauen, wenn ihr Kind hier und da doch einmal für kurze Zeit fernsieht. Einem innerlich gefestigten Kind wird diese Begegnung nicht schaden, vor allem dann nicht, wenn der Erwachsene sie geschickt dosiert.

In einem gewissen Sinne hat es sogar seine Vorzüge, wenn die Eltern zusammen mit dem Kind ganz bewusst kleine Gelegenheiten zum Fernsehen wahrnehmen. Denn das raubt dem Gerät den Nimbus des Geheimnisvoll-Verbotenen, der ja über kurz oder lang nur dazu führen kann, dass das Kind in die Versuchung gerät, hinter dem Rücken der Eltern fernzusehen, und dann gleich extensiv und unkontrolliert. Ein gänzlich unaufgeregtes, nüchtern-selbstverständliches Zugehen auf das Gerät versachlicht das Thema Fernsehen für das Kind in wohltuender Weise und ist zugleich eine Vorbereitung auf den eigenverantwortlichen Umgang mit diesem Medium, der mit dem Eintritt ins Erwachsenenalter ohnehin fällig wird.

Übergang zum Jugendalter

Etwa mit dem zehnten Lebensjahr schließen sich die wichtigsten Entwicklungs-«Fenster», und die gesamte Situation des jungen Menschen ändert sich: Bis dahin war das Kind der Welt so innig verbunden, war mit seinem Fühlen und Wollen noch so ausgebreitet in die Umgebung, dass es den Gegensatz von Außen und Innen eigentlich nicht kannte. Erst mit der sich anbahnenden Pubertät, zwischen dem zehnten und zwölften Lebensjahr etwa, löst sich das Seelische aus dem naiven Verflochtensein mit der Welt endgültig heraus und bildet einen Innenraum, in welchem der junge Mensch sich selber findet, während die Welt draußen als etwas Fremdes, nur noch Äußeres empfunden wird, dem das Ich gegenübersteht.

Dieses Aufbrechen des Dualismus Innen-Außen geht oft mit dramatischen, für die Eltern erschreckenden Begleiterscheinungen einher, denn der Jugendliche vollzieht die Trennung zwischen sich und der Umgebung mit großer Radikalität und wehrt sich entschieden gegen jeden Versuch der Eltern oder Erzieher, in sein Inneres hineinzublicken. Zugleich aber erlebt er auch die Einsamkeit des von der Welt abgeschnürten Ich, und so ist es nur natürlich, dass sich in dieser Zeit oft ein heftiges Verlangen nach Medien einstellt, nach Okularen gewissermaßen, durch die man aus der Distanz heraus in die Weite blicken kann, ohne das eigene Innere preisgeben zu müssen.

War es bis dahin die Aufgabe der Eltern, stellvertretend für das Kind die Programmauswahl zu treffen und die Sehdauer festzusetzen, so gilt es jetzt, den jungen Menschen auf einen selbstverantwortlichen Umgang mit dem Medium vorzubereiten. Diese Vorbereitung kann nicht darin bestehen, dass die Eltern sich von heute auf morgen aus ihrer pädagogischen Verantwortung zurückziehen und meinen, sie müssten sich um ihren Sprössling nicht mehr kümmern. Gerade in der Übergangszeit ist es wichtig, dass sie ihn sehr aufmerksam begleiten und ihm durch geeignete Schritte den Weg in die Selbstständigkeit ebnen. Den besten Ansatzpunkt dazu bietet die in diesem Alter erwachende Kritiklust und Kritikfähigkeit, die man nur auf entsprechende Beobachtungsobjekte zu lenken braucht, um sie herauszufordern und zu schulen. Beim gemeinsamen Betrachten von Nachrichten und Spielfilmen beispielsweise kann man darauf aufmerksam machen, mit welchen Kniffs die Fernsehregisseure arbeiten, um bestimmte Effekte zu erzielen, welche unterschwelligen Gefühle in Werbesendungen angesprochen werden, wie der Zuschauer durch Kameraführung und Schnitttechnik beeinflusst wird usw. Je mehr Beobachtungen solcher Art der Erwachsene anregen kann, desto bewusster lernt der Jugendliche zu sehen, und das ist die wichtigste Voraussetzung für eine echte Medienkompetenz.

Hat sich der Jugendliche allerdings schon hinter den Barrikaden seiner pubertären Opposition verschanzt, ist an ihn nicht mehr heranzukommen, und der Gesprächsfaden zum Erwachsenen reißt ab. Daher ist es wichtig, noch rechtzeitig, also ehe sich die Fronten verhärten, eine deutliche Kehrtwende in der Art der Ansprache und im ganzen Umgangsstil zu vollziehen, dahingehend, dass man das Mädchen oder den Jungen in Sachen Fernsehen nicht mehr bevormundet, sondern durch vernünftige Vereinbarungen darauf einstimmt, die eigene Verantwortung immer bewusster wahrzunehmen. Er oder sie wird über die neue Tonlage vielleicht recht überrascht sein, und in dieser entspannten Situation ist es nicht schwer, dem «Juniorpartner» noch einiges Rüstzeug an die Hand zu geben, mit dem er sich selbst kritik- und urteilsfähig macht.

Etwa mit dem fünfzehnten oder sechzehnten Lebensjahr sollte die Kritikfähigkeit so weit entwickelt sein, dass der junge Mensch in einen selbst bestimmten, eigenverantwortlichen Umgang mit dem Medium hineinwachsen kann. Gleichwohl ist nicht zu erwarten, dass er sich dann völlig rational und «vernünftig» im Sinne der Eltern verhält: Jugendliche suchen extreme Erfahrungen, und so kann es sein, dass der Fernsehkonsum eine Zeit lang bis zum Exzess getrieben wird, gegen alle Vernunft und unbeeindruckt von allen Ermahnungen. Das muss aber für Eltern kein Grund sein, sich selbst für Versager zu halten. War die Kindheit reich an Spiel und Bewegung, an Musik und Fantasie, an inneren Bildern und lebhaften Sinneserfahrungen, dann dürfen die Eltern Vertrauen haben, dass ihr Sohn oder ihre Tochter den eigenen Weg finden wird. Schließlich ist man mit fünfzehn Jahren noch keineswegs am Ende der Entwicklung angekommen!

5. Kindheit verstummt.
Sprachverlust und Sprachpflege im Zeitalter der Medien

Funktionale Analphabeten – ein neues Massenphänomen

Die heutige Industriegesellschaft mit ihren weltweiten Wirtschaftsverflechtungen und hoch komplexen Strukturen, die in fortwährendem Wandel begriffen sind, setzt auf Menschen, die sich den neuen Anforderungen gewachsen zeigen, setzt auf Wachstum und Fortschritt. Gleichwohl sieht sie sich zunehmend Phänomenen eines kulturellen Niedergangs gegenüber, die nicht in das Bild vom unaufhaltsamen Fortschritt der Menschheit passen wollen. So ergibt sich eine irritierend widersprüchliche Situation: Auf der einen Seite schreiten Medien- und Computertechnik mit solcher Rasanz voran, dass bereits vom Anbruch eines neuen, postindustriellen Zeitalters gesprochen wird, das sich nicht mehr auf Kohle, Stahl und Öl gründen werde, sondern auf den Rohstoff *Information*. Eine neue Gesellschaftsform, so heißt es, bereite sich vor, die offene *Informationsgesellschaft,* in der jedermann freien Zugang haben werde zu allen Datenbanken der Welt und damit zu sämtlichen Wissensschätzen der Menschheit. Noch aber sind kaum die ersten Schritte getan, da brechen bereits die Fundamente weg, auf denen die künftige Informationsgesellschaft errichtet werden soll:

Seit den achtziger Jahren – so hat sich herausgestellt – verlieren immer größere Teile der Bevölkerung die Fähigkeit, schriftliche Informationen überhaupt noch aufzunehmen, geschweige denn zu verarbeiten und mit ihnen umzugehen. Und das nicht etwa in Ländern der Dritten Welt, sondern in den hoch entwickelten Industriestaaten, die der Informationsgesellschaft am nächsten zu kommen glauben. Dort verbreitet sich nämlich unaufhaltsam eine neue Form von Analphabetismus, die meist als *funktionaler Analphabetismus* oder auch *Postanalphabetismus* bezeichnet wird, weil sie Menschen betrifft, die Lesen und Schreiben trotz absolvierter Schulpflicht nicht gelernt oder wieder verlernt haben.

Welche Dimensionen das Phänomen hat, wurde erstmals 1984 deutlich, als in den USA ein Bericht der *Commission on Reading* den Anteil der funktionalen Analphabeten auf 10 Prozent der Bevölkerung bzw. 23 Millionen Bürger bezifferte. Ferner wurden sensationelle 44 Prozent der US-Bevölkerung der Kategorie der *aliterates* zugeordnet, die zwar lesen können, es aber nicht oder nur gezwungenermaßen tun.[103]

Dass auch Deutschland von der Entwicklung nicht verschont bleiben würde, deutete sich schon Ende der siebziger Jahre an, als es nach der Ölkrise an Rhein und Ruhr zu Massenentlassungen kam und Tausende ungelernter Arbeiter plötzlich auf der Straße standen: Überrascht mussten die Arbeitsämter feststellen, dass diese Menschen weder vermittelt noch umgeschult werden konnten, weil sie lese- und schreibunfähig waren. Auch heute noch verlassen Jahr um Jahr Zehntausende von Jugendlichen deutsche Schulen ohne einen Abschluss, und so ist es nicht erstaunlich, dass die Zahl der funktionalen Analphabeten in der Bundesrepublik inzwischen mit vier Millionen angegeben wird, was einem Anteil von 15 Prozent der über Fünfzehnjährigen entspricht.[104] Manche Forscher vermuten sogar, dass die Zahlen bei genauerer Nachprüfung noch viel höher ausfallen würden. Jedenfalls ist die Tendenz steigend.

1994 stellte der kalifornische Literaturwissenschaftler Barry Sanders die katastrophalen gesellschaftlichen und kulturellen Folgen des Postanalphabetismus in den Mittelpunkt seines Buches *A is for Ox* und arbeitete als eine der Hauptursachen den wachsenden Konsum elektronischer Medien, vor allem des Fernsehens, heraus. «Fast siebzig Millionen Amerikaner», so konstatierte er, «sind nicht in der Lage, die aufgedruckte Warnung auf dem Etikett einer Arzneiflasche zu entziffern oder durch einen Zeitungsartikel hindurchzufinden. Die Mehrheit von ihnen sind nicht Schwarze oder Mexikaner oder Zugewanderte. Es sind im Lande geborene Weiße.»[105] Siebzig Millionen: das waren damals 28 Prozent der US-Bevölkerung!

Drohende Wissenskluft

1995 schlug das Thema in Europa einige Wellen, nachdem ein Gutachten der *Organisation für Wirtschaftliche Entwicklung und Zusammenarbeit (OECD)* die Warnungen bestätigt hatte: Gerade in den reichsten Ländern der Erde, so wurde festgestellt, verfügen teilweise mehr als 20 Prozent der Erwachsenen nur über dürftigste Schreib- und Rechenfähigkeiten.[106] Dass daraufhin das Jahr 1996 zum «Europäischen Jahr der Bildung und lebenslangen Fortbildung» ausgerufen wurde, verhallte ungehört.

Eine im Rahmen der *International Association for the Evaluation of Educational Achievement* (IEA) erarbeitete Studie registrierte 1995, dass in Deutschland durchschnittlich 15 Prozent der Achtklässler über ein Leseverständnis verfügen, das dem von Drittklässlern entspricht.[107] Vor allem Bücher, so fanden die Forscher heraus, werden immer weniger gelesen; die Lesehäufigkeit ging in allen untersuchten Gruppen seit 1980 kontinuierlich zurück.

Ebenfalls 1995 legte die deutsche «Stiftung Lesen» die Ergebnisse einer in sechzehn Industriestaaten vorgenommenen Vergleichsstudie vor. Sie bestätigte trotz regionaler Unterschiede durchweg den Trend zur so genannten «Drittelformel»: Je ein Drittel der Bevölkerung gehört zu den Gewohnheitslesern, den Gelegenheitslesern und den Nichtlesern.[108]

Wir müssen also davon ausgehen, dass der «Abkoppelungsprozess eines (im Durchschnitt) guten Drittels der Bevölkerung vom Lesen ein durchgängiges Phänomen der OECD-Gesellschaften ist», schreibt Helmut von der Lahr.[109] Von der verheißenen Chancengleichheit für alle kann mithin keine Rede sein. Vielmehr zeichnet sich eine Zweiklassengesellschaft ab, in der auf der einen Seite die intellektuellen Habenichtse stehen werden, die sozial immer tiefer abrutschen, und auf der anderen die Privilegierten, denen die «Schlüsselqualifikation Lesen» zur Verfügung steht und damit der Zugang zu Bildung und Wissen, zu Medienkompetenz und beruflicher Karriere. Zwischen beiden bricht eine Kluft auf, die in der Fernsehforschung schon lange unter dem Stichwort «Wissenskluft» («increasing knowledge gap») diskutiert wird.[110]

Es scheint, dass die mediengestützte Industriegesellschaft sich eigenhändig die Grundlage entzieht, auf der sie bauen möchte. Der erreichte Fortschritt wird aufgefressen von dem selbst erzeugten Rückschritt.

Sprache verstummt

Das Problem der abnehmenden Lese- und Schreibfähigkeit war noch kaum ins Bewusstsein der Öffentlichkeit gedrungen, da zeigte sich schon eine weitere, bis dahin unvorstellbare Rückentwicklung menschlicher Kulturfähigkeiten: Nicht nur die Beherrschung der Schriftsprache geht weiten Kreisen der Bevölkerung verloren, sondern allmählich auch der Umgang mit dem gesprochenen Wort. So unglaublich es klingt – Sprache verstummt!

«Ob zu Hause, am Mittagstisch, ob unterwegs im Auto, in deutschen Familien oder dem, was davon übrig ist: Es wird beharrlich geschwiegen. Allenfalls funktionale Anweisungen sind noch üblich: ‹Komm nicht so spät!›, ‹Lass das!›, ‹Beeil dich!›. Die binären Antworten der Kleinen: Ja. Nein. Ja. – Ende des Dialogs. (...)

Sprache lernt man zuallererst von den Eltern. Die jedoch haben heute viel zu tun, sie reden selbst nicht mehr viel, haben sich oft nichts zu sagen. ‹Meine Alten hocken jeden Abend vor der Glotze. Er trinkt sein Bier, sie knabbert Salzstangen.› Wer schon als Kleinkind vom Babysitter Fernsehen verwöhnt und ruhiggestellt wurde, der schweigt offenbar auch, wenn er älter wird. Machen uns also die Massenkommunikationsmittel mehr und mehr mundtot, produzieren sie eine Generation stummer Zombies?

Wo immer sich junge Leute vergnügen, sind sie zum Schweigen verdammt – im Kino, im Open-Air-Konzert, in der Disco, beim Video, vor dem Fernseher und dem Computer. Sie werden bis zur Bewusstlosigkeit beschallt, es wird auf sie eingeredet – nur selbst etwas sagen: Das brauchen, dürfen sie nicht.»

Mit diesen Worten beschrieb Joachim Kutschke 1993 die neue Situation.[111] Ähnliches berichtete Konrad Adam in der *Frankfurter Allgemeinen Zeitung* vom 18.6.1993:

«Seit einiger Zeit lässt eine ältere Grundschullehrerin den Unterricht in ihrer ersten Klasse mit einer sonderbaren Lektion beginnen. Sie verlangt von den Sechsjährigen, sich zu erheben, zum Fenster zu gehen, es zu öffnen, dann wieder zu schließen, an ihren Platz zurückzukehren und über das, was sie getan haben, kurz und verständlich zu berichten. Als einige Eltern sich verwundert und leicht vorwurfsvoll nach dem Sinn dieser Übung erkundigten, berief sich die Lehrerin auf neue, ungewohnte Erfahrungen. Die Kinder hätten große Schwierigkeiten, eine Anweisung zu verstehen, sie auszuführen und über das Geschehene Auskunft zu geben. Wer noch in heilen, inzwischen also untypischen Verhältnissen großgeworden sei, könne sich gar nicht vorstellen, in wie vielen Familien heute tage- und wochenlang kein Wort mehr gesprochen werde. Die

Fähigkeit zu erzählen und zuzuhören, Argumente gegeneinander abzuwägen und rational zu entscheiden, gehe langsam verloren, von antiquierten Sprachformen wie Lied, Gebet und Zuspruch ganz zu schweigen.»

Inzwischen hat das Problem solche Ausmaße angenommen, dass in Großbritannien Notprogramme für Schulanfänger eingerichtet werden mussten. In der Presse hieß es dazu 1996: «Kinder lernen langsamer sprechen, wenn man wenig mit ihnen redet. Sprachschwierigkeiten sind deshalb das häufigste Problem britischer Kinder im Vorschulalter. Jetzt werden an 360 britischen Schulen Notprogramme eingerichtet, mit denen Schulanfänger lernen, wie sie Leute begrüßen oder nach dem Weg fragen können.»[112]

Sprachentwicklungsstörungen im Vorschulalter

Schon einige Zeit zuvor hatten bei der Berufsgruppe der Phoniater und Pädaudiologen, die sich mit Stimm-, Sprach- und Hörstörungen im Kindesalter befassen, vernehmlich die Alarmglocken geschrillt, nachdem sich Folgendes abgespielt hatte: Um den Kinderärzten für die routinemäßige Vorsorgeuntersuchung U 8, die im Alter von dreieinhalb bis vier Jahren vorgenommen wird, ein brauchbares Instrument zur Früherkennung von Sprachentwicklungsstörungen an die Hand zu geben, entwickelte der Direktor der Klinik für Kommunikationsstörungen an der Universität Mainz, Prof. Manfred Heinemann, ein Prüfverfahren, das von 1988 bis 1992 in mehreren Pilotstudien auf seine Praxistauglichkeit getestet und verfeinert wurde.[113] Solche Verfahren zu entwickeln gehört zum Alltag eines Wissenschaftlers. Die Zahlen aber, die mit dem neuen Verfahren eruiert wurden, waren alles andere als wissenschaftlicher Alltag: Schon bei der ersten Pilotstudie[114] in einer Mainzer Kindertagesstätte zeigten sich bei 22 Prozent der Kinder Sprachentwicklungsstörungen, bei der dritten Untersuchung in Mainzer Kindergärten, die zu den «sozialen Brennpunkten» gehörten, sogar bei 34 Prozent.

Durchschnittlich 25 Prozent Sprachentwicklungsstörungen, von denen die Hälfte als leicht, je ein Viertel als mittelschwer und als schwer einzustufen waren – das schien unglaublich, denn eine vergleichbare Studie[115] aus den Jahren 1976 und 1977 war mit den gleichen diagnostischen Kriterien nur auf 4 Prozent gestoßen, und das entsprach auch den bis dahin bekannten Erfahrungswerten in Deutschland. Die Mainzer Ergebnisse wurden daraufhin noch einmal gründlich überprüft, doch es blieb dabei: Die Werte hatten sich in gut zehn Jahren um mehr als 20 Prozent erhöht – eine wahrhaft erschreckende Diagnose.

Andere Daten stützten das Ergebnis. So war die Zahl der Schüler an Sprachbehindertenschulen in Nordrhein-Westfalen von 1986 bis 1993 um 58 Prozent gestiegen, aus Bayern wurde für denselben Zeitraum eine Steigerung um 54 Prozent gemeldet. Untersuchungen in Kindergärten der Stadt Neumünster (Schleswig-Holstein) diagnostizierten 1994 bei 25 Prozent der Kinder behandlungsbedürftige Sprachstörungen.[116] Die englische Sprachtherapeutin Sally Ward stieß in Manchester auf 21 Prozent[117] und fand ähnliche Werte für Großstadtkinder bereits in angelsächsischen Arbeiten aus den achtziger Jahren.[118] Endgültige Bestätigung erhielten Manfred Heinemanns Ergebnisse 1996 durch eine umfangreiche Untersuchung von Jörg Doleschal und anderen an 1641 Bochumer Kindergartenkindern, von denen 25 Prozent Artikulationsstörungen aufwiesen und 43 Prozent ein defizitäres Sprachverständnis.[119]

Die gesamte Entwicklung des Kindes ist betroffen

Unterdessen haben viele weitere Untersuchungen stattgefunden. Die englische Gesellschaft für sprachgeschädigte Kinder ließ 1996 verlauten, bereits jedes dritte Kind in England sei «sprachlich auffällig zurückgeblieben».[120] Erhebungen in Bulgarien 1998 ergaben 21 bis 27 Prozent Sprachstörungen im Vorschulalter.[121] Der Berufsverband deutscher Logopäden konstatierte auf seiner Jahrestagung 1998 in Augsburg, die unter dem Thema «Kindliche Sprach- und Sprechstörungen» stand, dass zwischen 15 und 30 Prozent aller Vorschulkinder Sprachprobleme haben.[122] Mit ähnlichen Zahlen wird sich die Kette der Meldungen in nächster Zeit wohl fortsetzen. Im Übrigen hat sich gezeigt, dass dieses Problem nicht an bestimmte soziale Schichten oder Bildungsniveaus gebunden ist; Kinder von Akademikern sind genauso betroffen wie die von Hilfsarbeitern. Die Gründe müssen also sehr viel tiefer liegen.

Wie hartnäckig Sprachstörungen die weitere Entwicklung des Kindes beeinträchtigen können, zeigte sich in so genannten Follow-up-Untersuchungen an Zweit- und Drittklässlern (acht bis neun Jahre alt), bei denen die Erstdiagnostik und anschließende Sprachtherapie bereits vier Jahre zurücklagen: 52 Prozent von ihnen litten immer noch an leichten Artikulationsschwächen, 44 Prozent wiesen Rückstände in der Sprachentwicklung auf, 36 Prozent hatten Schwierigkeiten mit den Kulturtechniken, vor allem mit der Rechtschreibung. Auch das Kurzzeitgedächtnis war schlechter ausgebildet, und der Umgang mit Satzbau und anderen Sprachstrukturen fiel auffällig schwer.[123]

Wichtig für ein tieferes Verständnis des Problems ist die Beobachtung der Forscher, dass frühkindliche Sprachentwicklungsstörungen in der Regel nicht isoliert auftreten, sondern zusammen mit einer ganzen Reihe weiterer Defizite, vor allem im Bereich der motorischen und sensorischen Fähigkeiten. Das weist uns darauf hin, dass der Spracherwerb des Kindes in einem größeren, umfassenderen Zusammenhang gesehen werden muss: Es geht nicht um die Ausbildung einer einzelnen Fähigkeit, sondern um ein ganzes Spektrum von Entwicklungsprozessen, die erst in ihrem Zusammenwirken dem Kind die Möglichkeit geben, sich mit allen Sinnen in der Welt zu orientieren und in ihr tätig zu werden. Darüber wird weiter unten noch ausführlich zu sprechen sein.

Zwölf Minuten Sprache am Tag

Durch Jahrtausende hindurch umgab Sprache die Menschen so natürlich wie die Atemluft, Kinder wuchsen ganz von selbst in sie hinein, das Sprechenlernen schien eine Naturgabe zu sein. Hätte jemand Eltern belehren wollen, dass sie mit ihrem Kind genügend sprechen müssten, hätte man das für einen Witz gehalten, gerade so, als wäre man ermahnt worden zu atmen. Aber das einst so Selbstverständliche ist heute nicht mehr selbstverständlich, und es war kein Witz, als sich eine führende deutsche Krankenkasse kürzlich dazu entschloss, unter dem Titel *Sprich mit mir!* ein Buch für Eltern herauszubringen, das sie anregen soll, mit ihrem Kind zu sprechen![124] Der Grund liegt auf der Hand: Es wäre für die Krankenkassen unbezahlbar, wenn demnächst jedes vierte oder dritte Kind Sprachheilschulen aufsuchen müsste, abgesehen davon, dass es gar nicht genügend Fachkräfte gäbe, um dem Ansturm gerecht zu werden. Daher sind sich alle Beobachter einig: Prophylaxe tut not!

Dazu aber muss man die Ursachen kennen, und die erweisen sich als vielschichtig. In Presseinterviews[125] sowie im Anhang des erwähnten Buches haben Fachleute wie der Phoniater Manfred Heinemann und Theo Borbonus (Leiter einer Wuppertaler Sprachheilschule) nachdrücklich darauf hingewiesen, dass die Zunahme der Sprachentwicklungsstörungen weniger auf medizinische Faktoren zurückzuführen ist als auf die veränderten soziokulturellen Bedingungen, unter denen Kinder heute aufwachsen. «Zwar haben die Hörstörungen als eindeutig medizinische Ursachen etwas zugenommen», so Heinemann, doch sehen Ärzte und Therapeuten übereinstimmend die Hauptursache in der zunehmenden Sprachlosigkeit zwischen Eltern und Kind.

Eltern «haben heute weniger Zeit für ihre Kinder: Durchschnittlich bleiben einer Mutter pro Tag nur etwa zwölf Minuten, um mit ihrem Sprössling ein richtiges Gespräch zu führen», berichtet Borbonus und fügt hinzu: «Hohe Arbeitslosigkeit, erhöhter Wettbewerbs- und Rationalisierungsdruck, schmerzhafte Einschnitte in die sozialen Sicherungssysteme – all das macht die Menschen mutloser, sprachloser, kälter.» Auch Heinemann sieht Lehrer und Eltern überfordert von dem rasanten gesellschaftlichen Wandel, von Stress und Trennungskonflikten, von unvollständigen Familien und beruflichen Problemen.

Fernsehen schadet der Sprachentwicklung

Der mit Abstand wirksamste Faktor aber dürfte der Fernsehkonsum sein, der sowohl bei Eltern wie auch bei Kindern immer mehr Zeit verschlingt: Die reine Sehzeit (zu unterscheiden von der sehr viel längeren Einschaltdauer!) betrug 1964 im bundesdeutschen Durchschnitt 70 Minuten pro Tag, 1980 waren es bei den Erwachsenen bereits zwei Stunden, und 1998 kletterte der Durchschnittswert der Erwachsenen auf 201 Minuten pro Tag.[126] Das bedeutet annähernd dreieinhalb Stunden «Funkstille» zwischen Eltern und Kind.

Vollends unmöglich wird das familiäre Gespräch, wenn die lieben Kleinen auch noch mit einem eigenen Fernsehgerät «beglückt» werden. Abgeschoben in die Isolation, steigern sie ihren

Fernsehkonsum erheblich, wie die Statistiken belegen: Die Sehzeit von drei- bis dreizehnjährigen Kindern ohne eigenes Gerät stagniert in Deutschland seit Jahren bei knapp 100 Minuten täglich, während sie bei Kindern mit eigenem Gerät kontinuierlich steigt. 1999 kam die SFB-Jugendschutzbeauftragte Inge Mohr zu dem Resultat: «Kinder mit eigenem Fernseher sehen mehr als dreieinhalb Stunden täglich fern.»[127] (Aufschlussreich dabei ihre Anmerkung, dass diese Kinder am liebsten Erwachsenensendungen im Abend- und Nachtprogramm sehen!)

Besonders bedenklich ist, dass 1998 schon unter den Kleinsten im Alter von drei bis fünf Jahren 10,3 Prozent angetroffen wurden, die zwischen zwei und vier Stunden täglich fernsehen, und weitere 2,4 Prozent mit vier bis über sechs Stunden.[128] Heinemann bemerkt dazu: «Gerade diese Kinder sind es dann nach unseren Erfahrungen aber auch, die zusätzlich Videofilme sehen und mit dem Game-Boy oder am Computer spielen.»[129] Und die dann sprachauffällig werden und in einer Sprachklinik therapiert werden müssen, so wäre hinzuzufügen.

Indessen ist es nicht nur die Schweigezeit vor dem Bildschirm, die sich nachteilig auf die Sprachentwicklung der Kinder auswirkt. Heinemann kritisiert, dass auch das Medium als solches mit seiner «Überwertigkeit der visuellen Information» einen äußerst ungünstigen Einfluss ausübt. «Selbst Kindersendungen», so moniert er, «sind oft völlig realitätsfern, und ‹schnelle Schnitte› ermöglichen es einem Kind nicht, einer Handlung ausreichend zu folgen. Die Sendungen sind oft nach stereotypen Mustern gestaltet, sodass die eigene Fantasie und Kreativität nicht angeregt werden. Hinzu kommt, dass besonders bei den privaten Fernsehanbietern oft Actionfilme und Gewaltdarstellungen dominieren.» Entsprechend dürftig ist dann auch die Sprache der Kinder beim Spielen mit Altersgenossen: Sie beschränkt sich auf comicartige Ausrufe, zusammenhanglose Satzfragmente und bizarre Geräuschimitationen, begleitet von maschinenhaft zuckenden Bewegungen.

Aber der Bildschirm hemmt nicht nur die Ausbildung der Sprach- und Sprechfähigkeiten. Er verhindert auch das spontane, kreative Spiel und natürliche Bewegung, und so werden den Kindern die Reize und Anregungen vorenthalten, die sie zur Ausbildung ihrer Grob- und Feinmotorik sowie der Sinnesorgane dringend benötigen. Wenn abwechslungsreiche und vielfältige Umgebungsreize ausbleiben, dann kann die Gehirnentwicklung Schaden nehmen, so mahnt Borbonus; Kreativität, Fantasie und Intelligenz bleiben auf der Strecke. Aus langjähriger pädagogischer Praxis heraus stellt er fest, dass Kinder heute mangels Primärerfahrungen immer mehr gehindert werden, ihren Wärme- und Gleichgewichtssinn, ihren Geruchs- und Geschmackssinn, ihren Tast- und Bewegungssinn auszubilden. Der Mangel an geeigneten Spielplätzen und anregenden Umgebungen in einer Großstadt tut ein Übriges, um diese Defizite zu verstärken. Borbonus fordert daher eine entwicklungsfördernde Umgebung für Kinder. «Menschliche Wärme, Spielen und Bewegung sind unerlässlich», lautet sein Resümee.

Fatale Folgen eines falschen Denkmodells

Die Wurzeln des Problems reichen offensichtlich tief hinunter in die allgemeinen Gewohnheiten und Lebensverhältnisse unserer Zeit – zu tief, als dass man von einer isolierten Krankheitserscheinung sprechen dürfte. Sprachentwicklungsstörungen sind nur die Spitze eines Eisberges, der unsere gesamte Kultur und Zivilisation zu bedrohen beginnt. Doch gibt es keinen Grund zum Resignieren, denn wir selbst sind die Verursacher, und an uns liegt es, die eingetretene Fehlentwicklung zu korrigieren.

Vielfältige Bemühungen werden dazu notwendig sein. Jedoch wird die Aussicht auf Erfolg gering sein, wenn es nicht gelingt, in uns selbst, in unseren eigenen Denkgewohnheiten Entscheidendes zu verändern. Dazu gehört vor allem die Gewohnheit, alles, was mit Sprechen und Hören zusammenhängt, mit dem rein technischen Modell von Sender und Empfänger, von *Input* und *Output* erfassen zu wollen, als handele es sich um einen Informationsaustausch zwischen zwei Computern.

Diese Auffassung war und ist in der Wissenschaft weit verbreitet und hat selbst vor dem komplexen Vorgang des Sprechenlernens kleiner Kinder nicht Halt gemacht: Obwohl in den siebziger und achtziger Jahren verschiedentlich nachgewiesen wurde,[130] dass Kinder das Sprechen nicht vom passiven Zuhören lernen, sondern durch Interaktion, beharrten viele Forscher darauf, dass es für den Spracherwerb des Kindes lediglich auf den richtigen Input durch die Umgebung ankomme, und der könne nirgends besser sein als in Radio und Fernsehen, da ja kaum ein Erwachsener an die perfekte Sprache ausgebildeter Sprecher heranreiche, von der Fülle der Bildungsangebote ganz zu schweigen. Das Fernsehen, als eine Art sprechendes Bilderbuch, sei mithin das ideale Lernmittel für Kleinkinder, und nirgends werde ihre Sprachentwicklung besser gefördert als dort.[131]

Wie grotesk diese Auffassung an der Wirklichkeit vorbeigeht, davon konnte sich die Öffentlichkeit überzeugen, als die englische Sprachtherapeutin Sally Ward 1996 der Presse ihre Resultate einer zehnjährigen Untersuchungsreihe präsentierte. Sie hatte festgestellt, dass 20 Prozent der untersuchten Kinder im Alter von neun Monaten schon körperliche Entwicklungsrückstände aufwiesen, wenn die Eltern den Fernseher als Babysitter eingesetzt hatten.[132] Wurde das Fernsehen fortgesetzt, hatten die meisten dieser Kinder mit drei Jahren bereits ein Jahr Entwicklungsrückstand, sprachen also die Sprache eines Zweijährigen, womit ihre gesamte weitere Entwicklung gefährdet war. Zeigten die Eltern aber Einsicht und schalteten den Fernseher ab zugunsten direkter Sprachkontakte mit dem Kind, dann konnte das neun Monate alte Baby innerhalb von nur vier Monaten wieder auf den normalen Entwicklungsstand gebracht werden – durch nichts als Worte, die live gesprochenen Worte seiner Eltern!

1990 hielten es manche Wissenschaftler noch für ein «grausames Gedankenexperiment»,[133] wollte man Kindern in den ersten Jahren Sprache ausschließlich durch elektronische Medien zukommen lassen, um herauszufinden, ob sie dadurch sprechen lernen. Inzwischen ist aus dem Gedankenexperiment grausame Realität geworden, und sie lehrt uns, dass die Sprache aus dem Lautsprecher nicht bewirkt, was die Sprache des Erwachsenen im direkten Umgang mit dem Kind bewirkt. Selbst wenn dieselben Worte erklingen würden – aus dem Lautsprecher kommend werfen sie das Kind in seiner Entwicklung zurück und verhindern die Ausbildung der zum Sprechen notwendigen Gehirnstrukturen, aus dem Munde einer Mutter wirken sie so aufbauend und fördernd, dass selbst entstandene Defizite noch aufgeholt werden können.

Die Forschung wird sich also die Frage stellen müssen: Was unterscheidet Lautsprechersprache von echter Sprache? Physikalisch gibt es doch angeblich keinerlei Unterschied. Wie kann es da sein, dass die technisch erzeugte Sprache die kindlichen Gehirnfunktionen abbaut, während das Original sie aufbaut?

Sprache ist kein Taxi

Die Sprachwissenschaft hat sich daran gewöhnt, in der menschlichen Sprache nichts anderes als ein Transportmittel zu sehen, mit dem Informationen vom «Sender» zum «Empfänger» gelangen. Diese schon im 19. Jahrhundert entstandene Auffassung hat jedoch eine schwerwiegende Konsequenz: Wenn es nur um den Inhalt geht, der transportiert werden soll, dann kommt dem gesprochenen Wort keine eigene, besondere Bedeutung zu, denn die Information könnte auch durch ganz andere Medien wie Schrift, Zeichen, Bild, Gebärde zum Ziel kommen. Welches Medium gewählt wird, ist für die Information genauso gleichgültig, wie es für den Fahrgast eines Taxis gleichgültig wäre, ob er mit einem Daimler, Volvo oder Ford zum Bahnhof gefahren wird.

Keineswegs gleichgültig aber ist das Medium für das Kind, das sich in die Welt der Sprache erst hineinarbeiten muss. Denn nur durch das Wort, das zu ihm gesprochen wird, kann es sein Menschsein erlangen, und zwar im fundamentalsten Sinne. Dabei geht es gar nicht in erster Linie um Informationsübermittlung, sondern um eine ganz andere, viel bedeutendere Tätigkeit: Bevor das kleine Kind auch nur einen einzigen Satz zu formulieren vermag, muss es die perfekte Beherrschung und Koordination von über hundert Muskeln erlernen, die an dem Sprechvorgang beteiligt sind, und das ist ein überaus komplizierter Prozess, an dessen Schwierigkeitsgrad keine andere Bewegung heranreicht, die sich der Mensch sonst aneignet.[134] Und dieser Prozess wiederum ist nur ein Teil jenes jahrelangen Ringens, mit dem das Kind die Herrschaft über seinen Leib zu erlangen sucht. Mit unglaublicher Energie trainiert es vom ersten Lebenstag an die verschiedenen Bewegungsfunktionen des Körpers und ihr Zusammenspiel, angefangen von den Augen- und Handfunktionen über das Aufrichten, Stehen und Gehen bis hin zur Feinmotorik der Hände und Finger. Aus der Tätigkeit dieses «Bewegungsmenschen», der an der Muskulatur des ganzen Leibes arbeitet, geht das Artikulieren der Sprachlaute wie eine reife Frucht hervor.

Wie eng in den ersten Lebensjahren die Sprachmotorik mit der allgemeinen Körpermotorik verbunden ist, zeigte sich z.B. bei einer Untersuchung, die Massinger und Nickisch 1996 an sprachgestörten Kindern im Vorschulalter vornahmen: 70 Prozent der Kinder wiesen zusätzliche motorische Störungen auf, sowohl in der Feinmotorik wie auch in der Grobmotorik.[135] In früheren Studien wurden 60 bis 70 Prozent eruiert. Selbst an den Augenbewegungen lassen sich Störungen der Sprachentwicklung ablesen.[136]

Sind aber die Bewegungsfähigkeiten nicht richtig ausgebildet, dann ist auch bei den sensorischen Fähigkeiten mit Defiziten zu rechnen. Nachgewiesen wurde das bereits für die visuelle Wahrnehmung (Störungen bei 85 Prozent der Kinder)[137] und vor allem für den Tastsinn: Sprachgesunde Kinder im Alter von drei bis sechs Jahren zeigten bei den Tests von Kiese-Himmel hochsignifikant bessere Leistungen in der Tast- und Berührungswahrnehmung als gleich alte Kinder mit Sprachauffälligkeiten.[138] Letztere waren bei Nachuntersuchungen in der zweiten Klasse mit komplexen Tastwahrnehmungen noch immer überfordert.[139] Die volle Ausbildung des Tastsinns scheint mithin eine notwendige Vorbedingung für den Spracherwerb des Kindes zu sein.[140]

Sprache ist Bewegungskunst

So wenig wie die Wirklichkeit eines Konzertes durch eine Analyse der Tonfrequenzen zu erfassen wäre, so wenig erschöpft sich das gesprochene Wort in Schallwellenerzeugung und Informationstransfer. Hinter den Sprachlauten steht nicht ein schwingendes Stimmband, sondern ein Bewegungskünstler, der mit größter Anstrengung sein Leibesinstrument «gestimmt» hat, bis es scheinbar mühelos in der Lage ist, dem Atemstrom die unzähligen Klänge und Nuancen der Sprache zu entlocken.

Könnten wir diese unbewusst bleibende Tätigkeit beobachten, würden wir entdecken, dass sie fortwährend *plastische Formen* schafft, nicht anders als ein Bildhauer, der das Holz oder den Stein bearbeitet, nur dass es sich hier um die weiche, bewegliche Muskulatur handelt, aus der die Formen immer neu gebildet werden. Um Laute zu artikulieren, genügt es nämlich keineswegs, den Strom der Ausatmungsluft durch den Kehlkopf zu schicken und ihn klingend aus dem Mund zu entlassen. Vielmehr muss er auf seinem Wege durch Luftröhre, Rachen und Mund nach außen einen reliefartig geformten Hohlraum durchlaufen, eine Art Flussbett, dessen Gestalt von der Muskulatur des Gaumens, des Zäpfchens, der Zunge, der Kiefer und Lippen blitzschnell verändert wird, je nachdem, welcher Laut entstehen soll. Tritt dann der Luftstrom über die Lippen, tönt er nicht nur, sondern trägt durch die jeweils besondere Gestalt des durchlaufenen «Flussbettes» eine jeweils besondere Formtendenz in sich, die er der Außenluft vor dem Munde einprägt. Aus den innerlichen Muskelreliefs werden äußere plastische Formen der Luft.

Rudolf Steiner hat 1924 als Erster auf diese unsichtbaren, von der Sprache erzeugten Luftformen hingewiesen.[141] Seine Bemerkung, dass es sicher möglich sein werde, sie durch geeignete Mittel sichtbar zu machen, wurde 1962 von der Dresdner Lehrerin Johanna Zinke aufgegriffen. In jahrzehntelangen Studien konnte sie nachweisen, dass tatsächlich jeder Laut vor dem Mund eine eigene, charakteristische Luftform erzeugt, die gesetzmäßig wiederkehrt. Um die einzelnen Formen sichtbar zu machen und fotografisch festzuhalten, bediente sich Zinke zunächst der natürlichen Kondensation bei Temperaturen unter dem Gefrierpunkt. Als sehr viel praktikabler erwies sich indessen die Methode, vor dem Sprechen ein wenig Zigarettenrauch einzuatmen, sodass beim Aussprechen des Lautes die entstehende Luftform von Rauchpartikeln durchsetzt ist und so auch bei Zimmertemperatur mühelos sichtbar wird. Als weitere Mittel zur Visualisierung kommen Aufnahmen mit dem Toeplerschen Schlierengerät und mit dem Interferometer in Betracht. (Abbildung 3 wurde mit dem Schlierengerät hergestellt, die weiteren Abbildungen mit Zigarettenrauch. Sie zeigen die Luftform jeweils am Höhepunkt der Formbildung.)

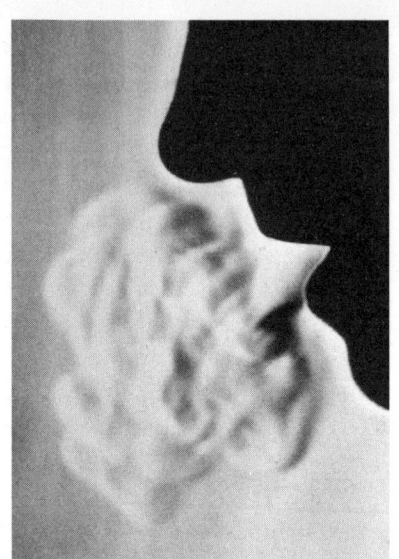

Abb. 3: Luftform des Vokals A, sichtbar gemacht durch das Toeplersche Schlierenaufnahmegerät (Foto: J. Zinke).

Abb. 4: Luftform des Konsonanten T, sichtbar gemacht durch zuvor eingeatmeten Zigarettenrauch (Foto und Zeichnung: J. Zinke).

Abb. 5: Luftform des Halbvokals W (Rauch). (Foto und Zeichnung: J. Zinke.)

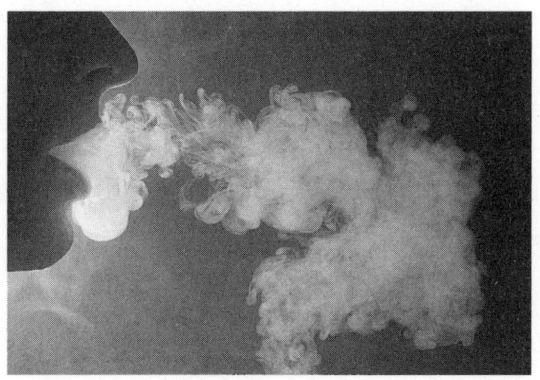

Abb. 6: Luftform der Silbe BA (Rauch). (Foto: J. Zinke.)

Das volle Bild des Geschehens jedoch eröffnete sich erst, als die «Luftlautformen» (wie Zinke sie nannte) mit einer Hochgeschwindigkeitskamera gefilmt wurden. Hier ließ sich verfolgen, wie innerhalb von Sekundenbruchteilen jede Form aus kleinsten Anfängen sich bildet, einen Höhepunkt erreicht und wieder vergeht, in jeweils unterschiedlichem Tempo und mit unverwechselbarer Geste. Jeder Laut zeigt sich da dem Auge als eine strömende Plastik.[142]

Sprache ist also zuallererst ein formschaffender Bewegungsprozess. Dynamische Gestalten werden gebildet, die teilweise noch sekundenlang in der Luft schweben, nachdem die dazugehörigen Schallwellen längst verklungen sind. Gleichzeitig aber vollführt auch der gesamte Körper des Sprechers bei jedem Laut bestimmte, mit bloßem Auge nicht wahrnehmbare Bewegungen. Sie wurden von der noch jungen Wissenschaft der *Kinesik* zutage gefördert, als man sprechende Personen mit einer Hochgeschwindigkeitskamera (30 und 48 Bilder pro Sekunde) filmte und die Einzelbilder dann einer Mikroanalyse unterzog. Es zeigte sich, dass diese feinen Bewegungen genau synchron mit dem Sprechakt ablaufen und die gesamte Körpermuskulatur betreffen, vom Kopf bis zu den Füßen.[143]

Der Hörende tanzt die Laute mit

Mit großer Überraschung musste die Kinesik feststellen, dass der Hörer seinerseits auf die wahrgenommene Sprache mit eben denselben feinen Bewegungen antwortet, die der Sprecher unbewusst vollführt, ebenfalls vom Kopf bis zu den Füßen, mit einer minimalen Zeitverzögerung von 40 bis 50 Millisekunden, sodass eine bewusste Reaktion auszuschließen ist. Der Entdecker Condon beschreibt diese erstaunliche Synchronizität von Sprech- und Hörbewegungen mit den Worten: «Bildlich gesehen ist es, als ob der ganze Körper des Hörers in präziser und fließender Begleitung zur gesprochenen Sprache tanzte.»[144]

Auch wenn physikalisch keinerlei Verbindung zwischen beiden Vorgängen hergestellt werden kann, ist es doch so, als bewegten sich Sprecher und Hörer in einem gemeinsamen Medium rhythmischer Bewegung. Und diese Feststellung gilt, wie wiederholte Prüfungen ergaben, ausschließlich für sprachliche Laute, nicht für Geräusche oder zusammenhanglose Vokale. Die gesprochene Sprache wiederum kann jede beliebige sein: Ein zwei Tage alter Säugling in den USA, so fand Condon heraus, reagiert auf chinesische Sprache ebensogut wie auf amerikanische mit den genau entsprechenden Mikrobewegungen.[145]

Daraus ist zu ersehen: Die gehörte Sprache erfasst zuerst den unbewussten Bewegungsmenschen. Wie ein Tänzer stellt er sich mit seinem ganzen Leib hinein in das lebendig strömende, plastische Bewegungsgeschehen der Sprache, und zwar unmittelbar, ohne zuvor den Schall bewusst registriert, erlebt und verarbeitet zu haben. Bei 0,04 Sekunden bleibt keine Zeit für gedankliche Reflexion und erst recht nicht für ein seelisches Erleben.

Sprache durchklingt den ganzen Menschen

Hier befinden wir uns in der tiefsten, elementarsten Schicht von Sprache, dort, wo sie reine Bewegung ist. Aus Bewegung kommt alles, was Sprache ausmacht. Sie kann ihrem Wesen nach nicht anders, als selbst das Feste und Starre einer *Ecke* oder *Kante* aufzulösen in einen fließenden Prozess von Muskelbewegungen und Luftlautformen, der vom *K* zum *A* zum *N* zum *T* und zum *E* ständig sich verwandelnd weiterschreitet. Dieser Bewegungsprozess, der vom Sprechenden ausgeht, fährt in die Muskeln und Gliedmaßen des Hörenden, sodass sie von demselben Prozess ergriffen werden. Buchstäblich der ganze Mensch hört. Auch der Kehlkopf spricht und singt fortwährend mit, was der andere spricht und singt.

Das aber ist nur der erste Schritt im Vorgang des Hörens. In einem nächsten Schritt steigt die Bewegung von der rein muskulären Tätigkeit in das rhythmische System von Herz und Lunge auf. Dort bewirkt sie, wie jeder Erzähler an seinen

Hörern beobachten kann, Spannung und Entspannung, Beschleunigung und Verlangsamung der natürlichen Rhythmen, und diese feinen Abweichungen ergreifen nun auch die Seele und werden lebhaft empfunden. Die leibliche Bewegung verwandelt sich in eine seelische Bewegung, vom Bereich des tiefschlafähnlichen Unbewussten steigen wir auf in die Region träumerisch-halbbewusster Gefühle.

Erst im dritten Schritt erreicht die Bewegung den Nerven-Sinnes-Pol des Kopfes, wo sie sich abermals verwandelt, diesmal in eine geistige Bewegung, die als Begriff oder Vorstellung ins wache Bewusstsein tritt. In dieser begrifflichen Sphäre erscheint die *Kante* als etwas Festes, Starres, während sie im leiblichen Geschehen der Lautbildung noch reine Bewegung war und auf der seelischen Ebene eine bewegte Empfindung. Sprache durchklingt also den ganzen Menschen, und zwar von unten nach oben, nicht umgekehrt:

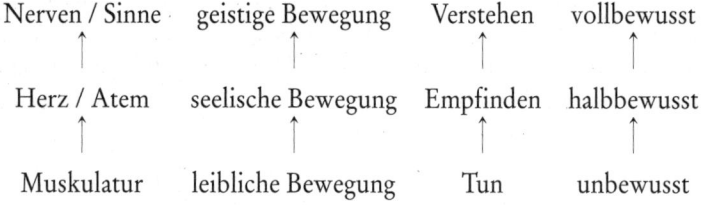

Nerven / Sinne	geistige Bewegung	Verstehen	vollbewusst
Herz / Atem	seelische Bewegung	Empfinden	halbbewusst
Muskulatur	leibliche Bewegung	Tun	unbewusst

Spracherwerb und Gehirnbildung

Diese Stufen von unten nach oben, in denen sich das Hören vollzieht, markieren zugleich den Gang, den das Kind im Großen zu gehen hat, wenn es in die Sprache hineinwächst. Auch hier ist der Ansatzpunkt nicht im kühl registrierenden Kopf zu suchen, sondern in der völlig unbewussten, hingebungsvollen Bewegungstätigkeit des Leibes. Die aber vollzieht sich *simultan* mit den Sprachbewegungen des Sprechers, und so werden wir die geläufige Vorstellung von kindlicher Nachahmung korrigieren müssen: Es handelt sich nicht um *Nach*-ahmung, sondern um *Mit*-ahmung, wenn man so sagen darf. Der oben angeführte Fall des amerikanischen Neugeborenen, dessen Körperbewegungen mit den Lauten der chinesischen Sprache genauso mitschwangen wie mit denen der englischen Sprache, demonstriert, wie sich der Vorgang in Wahrheit abspielt: Das Kind verharrt nicht reglos und lauscht auf die ankommenden Sprachlaute, um dann zu versuchen, sie durch eigene Bewegungsanstrengungen nachzumachen. Vielmehr stellt es sich vom ersten Augenblick an – gewissermaßen besinnungslos – mit seiner ganzen Leiblichkeit hinein in das Bewegungsgeschehen der Laute, es «tanzt» den Sprachstrom des Erwachsenen mit, in völliger Präzision und Gesetzmäßigkeit, ohne etwas Eigenes hineinzumischen. Condon hat es mit dem Titel seines Forschungsberichtes auf den Punkt gebracht: «Neonate Movement is Synchronized with Adult Speech» («Die Bewegung des Neugeborenen verläuft synchron mit dem Sprechen des Erwachsenen»). Das hat noch nichts zu tun mit Fühlen oder Denken, sondern ist reine Tätigkeit, gestaltbildende Bewegung. Und aus dieser Bewegung heraus formt das Kind seine Sprache.

Zugleich aber liegt in dem Vorgang ein tiefes Mysterium, dessen wir uns mehr und mehr bewusst werden sollten, wenn wir die Sprachentwicklung der Kinder in der rechten Weise fördern wollen. Indem nämlich das Kind das Formen von Lauten lernt, arbeitet es zugleich an der Ausformung des Gehirns, das dadurch erst seine endgültige Reife erfährt. Hier wird die Grundlage gelegt für alle spätere Intelligenz, und der Erwachsene hat daran entscheidenden Anteil: Ob wir es wissen oder nicht, wir wirken durch unser gesprochenes Wort auf die Leiblichkeit des Kindes und beeinflussen damit auch die seelischen und geistigen Entfaltungsmöglichkeiten, die es im späteren Leben haben wird. Wer ist sich dieser ungeheuren Verantwortung bewusst, wenn er mit einem Kind spricht?

Defizite des Lautsprechers

Kein Lautsprecher kann diese Verantwortung übernehmen. Überhaupt erweist sich der Lautsprecher, gemessen an der Aufgabe, um die es im frühesten Kindesalter geht, als hoffnungslos defizitär. Seinen Klängen fehlt gerade das Entscheidende, von dem die Sprachentwicklung abhängt: der Mensch mit seiner Sprechintention. Diese Sprechintention hat die Macht, bis in die unbewussten Tiefen des Leibes hinunter gestaltgebend auf die Muskulatur zu wirken und so die Sprachlaute entstehen zu lassen, die aus dem durchwärmten und durchfeuchteten Atem heraus bewegliche Gestalten in die Umgebungsluft plastizieren. Ein Gestaltungs-*Wille* ist am Werk, und er ruft im Kind den Willen wach, auch seinerseits Laute zu bilden. Denn nur Wille entzündet den Willen, nur ein aktuell präsentes Ich erweckt das Ich im Kind und bringt es dazu, aktiv die Sprachwerkzeuge zu ergreifen und bis zur vollen Funktionstüchtigkeit auszuformen. Was die Sprachwissenschaft mit dem nüchternen Wort «Interaktion» bezeichnet, erweist sich als ein spirituelles Geschehen zwischen Ich und Ich, von Wille zu Wille, als eine Kraft, die aus dem Geistigen heraus bis in die physischen Vorgänge hinunter wirkt, beim Erwachsenen wie beim Kind.

Diese Dimension geht dem Lautsprecher völlig ab. Ihm ist es unmöglich, Luftlautformen zu bilden. Er produziert nichts als Schallwellen, mechanische Schwingungen einer Pappmembran, die sich an niemanden wenden und von niemandem eine Reaktion erwarten. Zwar reagieren Kinder auch auf solche Laute mit Mikrobewegungen ihres Körpers, ihr eigener Lautbildungs-*Wille* aber wird nicht angesprochen, und so findet keine nennenswerte Sprachentwicklung statt, wie die Befunde von Sally Ward überdeutlich machen. Der Lautsprecher ist und bleibt ein Autist, der für die kindliche Entwicklung nichts ausgibt.

Sprachmusikalität – Lebenselement der Kinder

Sprache lebt von der Gemeinsamkeit. Sobald jemand spricht und ein anderer zuhört, treten beide, Sprecher und Hörer – wie die Kinesik herausgearbeitet hat – in eine gemeinsame Sphäre der Bewegung und der strömenden Gestalten ein, die sie ergreift und umspült wie ein formenschaffendes Meer.[146] Diese gemeinsame Sphäre umfasst indessen nicht nur das Wort als solches, sondern auch alles das, was an der Sprache musikalisch genannt werden kann: Satzmelodie und Betonung, Klangfarbe und Tonfall, rhythmische Strukturen, Tonhöhe und Nuancierung der Stimme, Laut und Leise, Schnell und Langsam – das sind Elemente der Sprache, die beim kleinen Kind viel tiefer wirken als der Inhalt des Gesprochenen.

Überall da, wo Singen und Spielen, Sprechen und Bewegung zu einer Einheit zusammenfließen, fühlen Kinder sich in ihrem Element, und aus gutem Grund verlangen sie ihre Lieder und Reime, ihre Verse und Reigenspiele nicht nur einmal zu singen und zu sprechen, sondern wieder und wieder. Denn es kommt ihnen nicht auf die begriffliche Information an, für die eine einzige Mitteilung genügen würde, sondern auf die im Strom der Zeit wirkende, formende und gestaltende Kraft der Wortmusik, mit der zusammenklingend sie ihren Organismus ausgestalten. Ebenso wie Essen und Trinken rhythmisch wiederkehren müssen, um den Leib zu ernähren, so lebt auch der «Sprach-Leib» des Kindes von der rhythmischen Wiederholung. Kinder erfinden sogar von sich aus mancherlei Lautkompositionen, in denen nichts als Sprachmusikalität und Freude am Rhythmus lebt, wie es z.B. bei dem folgenden Abzählvers in reinster Form der Fall ist:

> Enne denne dubbe denne
> Dubbe denne dalia
> Ebbe bebbe bembio
> Bio bio buff!

Unbelastet von irgendeiner begrifflichen Information kann man in den Klangzauber dieser Verse hineinträumen, angenehm getragen von dem gleichbleibendem Rhythmus jedes Wortes, bis dann am Schluss das jähe Erwachen kommt: Der Eine ist gefunden, der suchen oder fangen muss.

Wer Kindern etwas Gutes tun will, sollte sie zu solchen Sprach- und Bewegungsspielen, wie sie früher ganz von selbst stattfanden, bewusst anregen, sollte aber auch bei der Auswahl von Kinderbüchern den Wert der Texte nicht so sehr an der gedanklich-begrifflichen Qualität messen, sondern an der musikalisch-rhythmischen Qualität der Sprache, an der Bildkraft der Worte, an der künstlerischen Komposition der Sätze. Die nämlich sind die eigentliche Nahrung, an der sich Kinder laben. Vielleicht muss man selbst wieder ein wenig Kind werden, um sich an der musikalischen Qualität einer dichterisch geformten Sprache zu begeistern und ihre gesundende, aufbauende Kraft am eigenen Leibe zu spüren. Dann fühlt man, was es heißt, sich in der Region der schaffenden und bildenden Lebenskräfte aufzuhalten, in denen das Kind mit seinem ganzen Wesen beheimatet ist.

Wortbilder als seelengestaltende Kraft

Diese Lebenskräfte aber verwandeln sich – einem Urgesetz aller Entwicklung folgend – in Höheres. Sobald ihre Arbeit an der physischen Organisation des Leibes getan ist und die wichtigsten Funktionen ausgebildet sind, dämpft sich die geradezu magische Wirkung der Sprache auf den kindlichen Leib allmählich ab, und stattdessen wirkt die Sprache nun formend und gestaltend im Bereich der Fantasie und inneren Vorstellungskraft. So wie der einzelne Laut sich selbstlos dem Wort zur Verfügung stellt und hinter ihm gewissermaßen verschwindet, so tritt auch die prägende Kraft des Lautes ab dem dritten/vierten Lebensjahr zurück hinter dem seelischen Erleben des *Bildes*, das aus der Lautverbindung des Wortes hervorgezaubert wird. Wohl bleibt seine Kraft im Untergrund weiterhin wirksam, wie die bis ins erste Schulalter anhaltende Freude der Kinder an Rhythmen und Lautspielereien, an Sprachklang und Wortmusik bezeugt. Doch tritt das Bild, das an der Lautkomposition erlebt wird, immer mehr in den Vordergrund, und dieses Bild ist für die Kinder umso lebensvoller, je unmittelbarer es sich aus den malenden Lauten selbst ergibt. Zwei Beispiele sollen das verdeutlichen:

In dem Märchen *Die Bremer Stadtmusikanten* spricht der Esel den ausgerissenen Hund an mit den Worten: «Was jappst du so, Packan?» Mögen die Kinder das Wort *jappen* auch noch nie gehört haben – sie verstehen es unmittelbar aus der Lautmalerei heraus und sehen den mit hängender Zunge nach Luft hechelnden Hund innerlich vor sich. Auch die scharfen Zähne, die dabei zum Vorschein kommen, werden greifbares Bild in dem Wort *Packan*, das mit seinem P und K den scharfen Biss des Tieres aufs schönste hörbar macht. Hier zeichnen die Laute ganz konkrete, quasi sinnlich fassbare Bilder in die Seele des Kindes. Und so reich wie die Sinneswirklichkeit sind auch die Möglichkeiten der Sprache, jedes Ding und jedes Wesen bei seinem Namen zu nennen. So spricht der Esel zu der jämmerlich dreinschauenden Katze ganz anders als zu dem Hund. Er begrüßt sie mit den Worten: «Was ist dir in die Quere gekommen, alter Bartputzer?» Kann man die genüsslich-elegante Ästhetik der Katze, die sich mit samtweichen Pfoten zungenschleckend über die Barthaare streicht, treffender charakterisieren als mit der an Lippen und Zähnen pointierten Konsonantenfolge des *Bartputzers*? Aus den Lauten erwächst das Bild, das die Kinder so entzückt.

Dieses Bild aber – das ist für den Erwachsenen höchst wichtig zu wissen – hat eine völlig andere Qualität als das Fernsehbild:

Jenes wird als vorgefertigtes Bild von außen auf die Netzhaut geschossen, dieses wird vom Kind aus den bildschaffenden Kräften der eigenen Seele geformt und ist somit eine aktive, schöpferische Leistung. Das technisch erzeugte, zwanghaft aufgedrungene Bild legt die innere bildschaffende Kraft des Kindes lahm, und damit auch einen wesentlichen Teil seiner geistigseelischen Entwicklung. Denn nur aus intensiver eigener Aktivität bilden sich bleibende Fähigkeiten.

Ein neuer «Unterton» in den Worten

So wichtig wie die Ausgestaltung der leiblichen Organe durch die Sprache in den allerersten Lebensjahren war, so wichtig ist auch die Ausgestaltung der seelischen Organe Fantasie und Vorstellungskraft für das künftige Leben. Jedoch finden Kinder dazu kaum die geeignete Umgebung, denn der heute übliche Sprachgebrauch ist hochgradig abstrakt geworden, ohne dass wir uns dessen bewusst sind. Deshalb kann es für die gesunde Entwicklung der Kinder viel bedeuten, wenn der Erwachsene sich um ein bildhaft-konkretes Sprechen bemüht. Er kann sich dazu selbst erziehen, indem er von Zeit zu Zeit den Bildern nachlauscht, die in jedem Wort unbeachtet schlummern.[147]

Oft bedarf es nur eines kleinen Bewusstseinsruckes, um sie zu bemerken, und plötzlich be-*greift* und ver-*steht* man, findet es ein-*leuchtend* und er-*innert* sich, dass in dem Wort *hartnäckig* ein harter Nacken gemeint ist. Viele Bilder sind freilich schon so verblasst, dass man sie trotz aller Bemühung nicht mehr heraushören kann. In diesem Falle ist ein etymologisches Wörterbuch hilfreich, das die Herkunft und ursprüngliche Bedeutung des Wortes nachweist, und es lohnt sich, darin gelegentlich zu blättern. Wer wüsste beispielsweise zu sagen, welches Bild in dem Wort *Treue* steckt? Die Sprachwissenschaft belehrt uns, dass

Treue auf ein altes indoeuropäisches Wort zurückgeht, mit dem das *Kernholz der Eiche* bezeichnet wurde! Da bedarf es keiner gelehrten Definition mehr, um zu verstehen, was Treue ist.

Manchmal freilich geben selbst die etymologischen Wörterbücher noch eine Nuss zu knacken. Wenn man z.B. nach dem ursprünglichen Bild in dem Wort *denken* sucht, erfährt man, dass es mit unserem *dünken* (= scheinen) verwandt ist und die Bedeutung hatte «einen Schein machen». Was damit gemeint ist, erfasst man erst, wenn man *Schein* nicht philosophisch-abstrakt als vorgetäuschte Wirklichkeit versteht, sondern sinnlich-konkret als *Lichtschein*. Dann ergibt sich für *denken* die Bedeutung «sich ein inneres Licht entzünden».

Ähnlich steht es mit dem Verbum *werden*. Es ist stammverwandt mit dem lateinischen *vertere* und heißt *wenden, kehren, umwenden*. Was aber hat das Werden mit einem Umwenden zu tun? Das Rätsel löst sich, wenn man erfährt, dass *vertere* im Lateinischen auch *pflügen* bedeuten kann: Der Bauer «wendet» die Scholle, damit sie fruchtbar wird für die neue Saat, und das heißt: Er kehrt den vorher unsichtbaren Untergrund in die Sichtbarkeit und umgekehrt die vorher sichtbare Oberfläche in die Unsichtbarkeit. Genauso «wendet» sich die einjährige Pflanze im Frühjahr aus der Unsichtbarkeit in die Sichtbarkeit und im Herbst wieder zurück in die Unsichtbarkeit.

Indem der Erwachsene gelegentlich solche Streifzüge durch die Wortgeschichte macht und anfängt, konkret zu hören, wird sehr bald auch sein Sprechen konkreter, herzhafter, bildgesättigter, und je mehr er den Lebenssaft der Worte «schmeckt», desto nahrhafter wird seine Sprache für die Seele des Kindes. Äußerlich muss sich an den Worten gar nichts ändern; dennoch schwingt in ihnen, wie Rudolf Steiner es nannte, ein «Unterton», der unmittelbar zu Herzen geht und eine neue Gemeinsamkeit schafft.

Ganz anders wird das Verhältnis zur Sprache, wenn die Pubertät beginnt. Der Jugendliche klaubt aus der Sprache die begrifflichen Strukturen heraus, die Gesetze der Logik, mit denen er virtuos zu jonglieren beginnt. Er lässt die gesprochene Sprache völlig hinter sich und steigt auf in die Sphäre des reinen Denkens, dorthin, wo Mathematiker aller Sprachen und Länder zu den gleichen, unanfechtbaren Ergebnissen gelangen. Aber das ist ein neues Thema, das hier nicht zu behandeln ist.[148]

Im Anfang ist das Wort

Unsere Betrachtung hat gezeigt, welch ungeahnte Bedeutung das schöpferisch wirkende Wort für das gesamte Leben eines heranwachsenden Menschen hat. Es plastiziert die Organe des Kleinkindes aus, es gibt den seelischen Kräften Gestalt und Leben, es setzt den Geist des Jugendlichen frei. Ohne das Wort würde der Mensch sein Menschsein nicht erlangen, kein Werden, keine Entwicklung wäre möglich. «Im Anfang war das Wort»: Die tiefe Wahrheit dieses alten Bibelwortes lernen wir im Angesicht der Sprachkatastrophe neu erkennen.

Nicht zufällig gehen *Wort* und *werden* sprachgeschichtlich auf eine fast gleichlautende Wurzel zurück. Denn im schöpferischen Wort steckt immer die Kraft des Werdens, im Sinne des oben erläuterten *Wendens*: Was in dem Sprecher an Gedanken und Empfindungen lebt, das «wendet» die Sprache um in äußerlich hörbare Klänge, die durch die Luft zum Hörer gelangen. Im Hörer wiederum wenden sich die akustischen Klangphänomene um in die innerliche Wahrnehmung von Begriffen und Empfindungen. Das Wort kehrt das Übersinnliche ins Sinnliche und das Sinnliche ins Übersinnliche.

Diese Urkraft der Sprache aber wirkt nicht durch Maschinen. Sie braucht den Menschen, der sich selbst zum Medium des Wortes macht. Dann erst kann sie das Ich des Kindes aus übersinnlichen Welten in die Sinneswelt hinunter geleiten, dann erst kann sie aus der Sinneswelt die übersinnlichen Kräfte entbinden, die das Kind braucht, um Seele und Geist mit dem Leib zu verbinden.

Der Erwachsene hat die Möglichkeit, sich in den Dienst des schaffenden, bildenden und gestaltenden Weltenwortes zu stellen, und wird sich doch immer wieder sagen müssen: Zwar bin ich es, der das Wort spricht, und ohne mich würde es nicht wirken. Aber seine Kraft stammt nicht aus mir. Mich selbst hat das Wort zum Menschen gemacht, und ich gebe seine Kraft weiter an das Kind, das Mensch werden möchte.

Anmerkungen

Hinweis: Aus Gründen der Vereinfachung beschränken sich Litera-
turangaben in den Anmerkungen auf den Namen des Autors und
das Erscheinungsjahr. Die genauen bibliografischen Angaben sind
dem Literaturverzeichnis zu entnehmen.

1 *Frankfurter Allgemeine Zeitung* vom 23.11.1999, S. 70, und
   Frankfurter Rundschau vom 30.11.1999, Lokalrundschau S. 3.
2 Heft 51/1994, S. 97.
3 Buzzell 1998, S. 52.
4 Für den angelsächsischen Sprachraum hat Buzzell mit seinem
   Buch (1998) diese Lücke wenigstens teilweise geschlossen.
5 Zajonc 1994, S. 13ff.
6 Grüsser / Grüsser-Cornehls 1997, S. 278ff.
7 Entnommen aus Yarbus 1967, S. 180.
8 Grüsser / Grüsser-Cornehls 1987, S. 252.
9 Yarbus 1967, Kapitel VII, S. 171ff.
10 Zangemeister et al. 1995.
11 Limann 1976, S. 106.
12 Was hier über die augenlähmende Wirkung elektronisch er-
   zeugter Bilder ausgeführt ist, gilt in dieser Schärfe zunächst nur
   für den traditionellen Röhrenbildschirm, auch für den des
   Computers, sofern auf ihm Videosequenzen nach der gängigen
   Fernsehnorm reproduziert werden. Die Erhöhung der Bild-
   frequenz auf z.B. 100 Hz ändert an dem Prinzip nichts. Bei
   Textverarbeitung und Grafik jedoch dürfte das Problem nicht
   ganz so gravierend auftreten, weil da überwiegend stehende
   Bilder gezeigt werden. Gleichwohl ist erfahrungsgemäß die
   negative Wirkung auf die Augen bei den herkömmlichen Com-
   puterbildschirmen wesentlich stärker als bei den neueren

Flachbildschirmen, die mit Flüssigkristallen (LCD) oder ähnlichen Verfahren arbeiten. Denn der Flüssigkristall, einmal eingeschaltet, verglüht nicht, sondern bewahrt seine Leuchtkraft über beliebige Zeit, und solange sich am Bild oder an der betreffenden Partie des Bildes nichts ändert, sendet er sein Licht kontinuierlich aus. Wie sich allerdings im Einzelnen die Augenbewegungen vor solchen Bildschirmen verhalten, darüber gibt es meines Wissens bisher keinerlei Untersuchungen, ebenso wenig wie über das Blickverhalten bei Kinofilmen, die ja im Gegensatz zum Fernsehen stets ganze Bilder auf die Leinwand werfen, diese aber durch regelmäßige Dunkelpausen unterbrechen.

13 Crown et al., S. 20 und Tafel 3. Die Autoren verglichen die beim Fernsehen gemessene Häufigkeit nicht mit der beim natürlichen Umherblicken, sondern mit der beim Lesen eines Time-Magazins, kamen aber auch dabei auf ähnliche Relationen: 5 bis 7 Saccaden bei 20 Sekunden Fernsehen vs. 40 bis 55 beim Lesen. Das bedeutet einer Verringerung um annähernd 90 Prozent.

14 Buzzell 1998, S. 81.

15 Nach Buzzell 1998, S. 95. Crown et al. (1979) setzten die Versuchspersonen so, dass der Bildschirm 11,4 Grad ihres horizontalen Gesichtsfeldes einnahm (S. 13). Das entspricht einer Reduktion um 94 Prozent.

16 Krugman 1970.

17 Scheurle 1998, S. 114.

18 Auf die Nähe des Fernsehens zur Trance hat schon 1976 das australische Forscher-Ehepaar F. und M. Emery aufgrund von EEG-Messungen hingewiesen (Emery 1976). Vgl. dazu die ausführliche Besprechung von Mander 1978, S. 196ff.

19 Mulholland 1969. Vgl. dazu Scheurle 1998, S. 121ff.

20 Man kann daher mit Kubey / Csikszentmihalyi 1990 das Fernsehen auch als einen Spezialfall von Tagträumen («Day Dreaming») verstehen, das im EEG ganz ähnliche Veränderungen zeigt (S. 101).

21 Scheurle 1998, S. 162f. Weitere Literatur zu den Parallelen zwischen Fernsehen und Hypnose nennen Kubey / Csikszentmihalyi 1990, S. 102.

22 Klesges et al. 1993, S. 281-286.

23 Bodanis 1997, S. 107.

24 Buzzell 1998, S. 85f.

25 Neverla (1992) berichtet von Untersuchungen, die bei Fernsehfilmen überwiegend Einstellungen zwischen 6 und 8 Sekunden
fanden, bei der Tagesschau zwischen 2 und 5 Sekunden, bei
Videoclips eine durchschnittliche Schnittfolge von 2,2 Sekunden (S. 69f.). Buddemeier (1993) stellte bei der Überprüfung
einer Tagesschausendung 1992 Einstellungslängen zwischen 2
und maximal 8 Sekunden fest, im Schnitt alle 4,3 Sekunden.

26 Duke-Elder (1973) berichtet von Saccadenabständen bis zu 3
oder 4 Sekunden (S. 141). Schulze-Krüger (1992) nennt eine
maximale Fixationszeit von 2 Sekunden (S. 12). Das führende
Lehrbuch Schmidt/Thews ([23]1987) stellt fest, dass man Saccaden mit besonderer Anstrengung «mehrere Sekunden unter-
drücken» könne (S. 251).

27 Sturm 1984.

28 Sturm 1989, S. 55f.

29 Vorwort zu Buzzell 1998.

30 Einen Bericht darüber gibt Schmitt-Sasse 1988, S. 183ff.

31 Vgl. zu diesen Fragen die grundlegende Arbeit von Kepplinger
1987.

32 Mattenklott et al. 1995. Zu beachten ist auch im gleichen Band
der Aufsatz von Kepplinger: «Die Bedeutung der Fernsehbilder für das Realitätsverständnis der Fernsehzuschauer», S. 246-
251.

33 Sturm 1995, S. 85.

34 Sturm 1989, S. 66.

35 Sturm et al. 1982, S. 13.

36 Zeutschner 1995.

37 Interessant ist dabei, «dass das Fernsehen damals in Haushalten
mit Kindern mehr als doppelt so häufig vertreten war» wie in
Haushalten ohne Kinder (Greenfield 1987, S. 173, Anm. 2).

38 In der Bundesrepublik Deutschland stieg die reine «Sehzeit»
(zu unterscheiden von der sehr viel längeren «Einschaltzeit»)
im statistischen Mittel der gesamten Bevölkerung von täglich
rund 1 Stunde Anfang der sechziger Jahre auf täglich über 3

Stunden im Jahre 1998 (*Media Perspektiven* Basisdaten 1998, S. 71). In den USA liegt die durchschnittliche Sehzeit bereits seit 1980 zwischen 4 und 5 Stunden, die Einschaltzeit bei 7 bis 8 Stunden täglich.

39 Für Jugendliche weist das beispielsweise die Studie von Schmidbauer / Löhr 1997 nach.
40 Vgl. dazu meine ausführliche Darstellung in dem Buch *Medienmagie oder die Herrschaft über die Sinne*. (Patzlaff [3]1999, S. 12ff.)
41 Siehe dazu die Darstellung von Neverla 1992.
42 Gerbner/Gross 1976.
43 Thomas 1998.
44 Opaschowski 1997, S. 93.
45 Neverla 1992.
46 Opaschowski 1997, S. 93.
47 Opaschowski 1997, S. 92.
48 Eurich 1980, S. 25f.
49 Noelle-Neumann 1992, S. 223 und Anmerkung 1.
50 Singer / Singer 1992.
51 Lahr 1996, S. 2.
52 51/1994, S. 97.
53 Sturm 1989, S. 49f.
54 Noelle-Neumann 1992, S. 231.
55 Noelle-Neumann 1992, S. 232.
56 Berens / Kiefer / Meder 1997, S. 90.
57 Opaschowski 1997, S. 98.
58 Huth 1982, S. 207.
59 D.G. Singer 1995, S. 123.
60 Huth 1982, S. 212. Neuerdings dazu auch Böhme-Dürr 1999.
61 Noelle-Neumann 1992, S. 229.
62 Eimeren / Maier-Lesch 1997, S. 9.
63 Postman 1992.
64 Opaschowski 1997, S. 84.
65 Sicking 1998.
66 Was freilich nicht den umgekehrten Schluss erlaubt, der niedrige Intelligenzquotient sei eine Folge des Vielsehens! Näheres dazu bei Huth 1982, S. 206.

67 Opaschowski 1997, S. 87.

68 Signorielli 1995, S. 151.

69 Ridder 1997.

70 Aus dem Forschungsbericht von Signorielli 1995, S. 151.

71 Signorielli (1995) berichtet dazu: «Als Gerbner, Morgan und Signorielli 1979 eine Woche lang die Darstellung von Essen, Trinken und Ernährung u.ä. im amerikanischen Fernsehen zur Hauptsendezeit und während des Kinderprogramms am Wochenende untersuchten, stellten sie fest, dass etwa neunmal pro Stunde gegessen, getrunken oder über das Essen gesprochen wurde» (S. 152).

72 Klesges 1993.

73 Zitiert nach Signorielli 1995, S. 154.

74 Aus dem Forschungsbericht von Signoriorielli 1995 (S. 159), der auch die einschlägige Literatur nachweist.

75 Signorielli 1995, S. 160.

76 Krüger 1996, S. 114.

77 Krüger 1996, S. 115.

78 Krüger 1996, S. 115.

79 *DER SPIEGEL*, 14/1998, S. 163.

80 Ausführlich dazu u.a. Patzlaff 1994.

81 Interview von Maria Biel mit Dave Grossmann in der *ZEIT* vom 23.9.1999, S. 5.

82 Grossmann 1999, S. 58.

83 Grossmann 1999, S. 60.

84 Süddeutsche Zeitung vom 17.5.1999.

85 Winn 1979.

86 Buzzell 1998, S. 49.

87 Näheres dazu bei Cohen 1981 und Mickasch 1986, S. 28.

88 Fischer 1999, S. 221ff.

89 Buzzell 1998, S. 50.

90 Fischer 1999, S. 221.

91 Scheurle 1998, S. 90ff.

92 Singer / Singer 1992, S. 112.

93 Benz 1998, S. 62.

94 Greenfield 1987, S. 50.

95 Reeves / Hawkins 1986, S. 43.

96   Reeves / Hawkins 1986, S. 43.
97   Theunert / Schorb 1995, S. 217.
98   Theunert / Schorb 1995, S. 220.
99   Theunert / Schorb 1995, S. 212.
100 Glogauer 1993.
101 Wagner / Drösser 1997, S. 104.
102 D.G. Singer 1995, S. 127.
103 Franzmann 1995.
104 Ein ausführlicher Bericht dazu erschien im *SPIEGEL* 36/ 1995, S. 82-87.
105 Sanders 1995, S. 173. Eine Besprechung des Buches erschien von mir in der Zeitschrift *Erziehungskunst* 2/1996, S. 190-194.
106 *Literacy, Economy and Society. Results of the First International Adult Literacy Survey.* Hg. vom Generalsekretär der OECD (Paris) und der Organization for Economic Co-operation and Development. Paris/Ottawa 1995.
107 Lehmann 1995.
108 Franzmann 1995, S. 117.
109 Lahr 1996.
110 Vgl. dazu den Aufsatz von Noelle-Neumann 1992.
111 *DER SPIEGEL*, 38/1993, S. 143-146.
112 *Süddeutsche Zeitung Magazin* Nr. 28 vom 12.7.1996, S. 5.
113 Heinemann / Höpfner 1992.
114 Untersucht wurden die vier Bereiche Lautbildung, Wortschatz, Satzbau, Sprachverständnis. Die Diagnose einer Sprachentwicklungsstörung oder –verzögerung wurde nur dann gestellt, wenn in mindestens drei der vier Hauptbereiche wesentliche Auffälligkeiten vorlagen. Bei nicht ganz korrekter Aussprache einzelner Laute und sonstigen isolierten Störungen wurde das Kind altersentsprechend noch als «normal» eingestuft.
115 Veröffentlicht erst 1982. Näheres dazu bei Heinemann 1997, S. 12.
116 Heinemann 1997, S. 13.
117 Ward 1992.
118 Ward 1994.
119 Doleschal / Radü / Cassel 1997.

120 *Süddeutsche Zeitung Magazin* Nr. 28 vom 12.7.1996, S. 5.

121 Boyanova / Trayanova 1998.

122 Bericht von Gabriele Roß in der *Süddeutschen Zeitung* vom 25.5.1998.

123 Kiese-Himmel / Wilke / Kruse 1997.

124 BARMER Ersatzkasse 1997.

125 *Badische Zeitung* vom 11.12.1996 und *DER SPIEGEL,* 28/ 1997, S. 152f.

126 Darschin 1999, S. 154.

127 Mohr 1999, S. 123.

128 Feierabend / Klingler / Simon 1999, S. 177.

129 Heinemann 1997, S. 16.

130 Nähere Angaben dazu bei Grimm 1990.

131 Genauere Untersuchungen haben ergeben, dass Kinder durch das Fernsehen unter bestimmten Bedingungen sehr wohl ihren Wortschatz erweitern können, keineswegs aber in der Handhabung von Sprachstrukturen und syntaktischen Gesetzmäßigkeiten gefördert werden. Grimm (1990) schildert dazu auf S.101f. einen interessanten Fall und kommt abschließend zu dem Ergebnis, dass «Fernsehen als Datenlieferant per definitionem als defizitär gelten» muss (S. 111). Ähnlich auch Böhme-Dürr 1990, S.154-157.

132 *Guardian Weekly* vom 21. Januar 1996.

133 So Karin Böhme-Dürr 1990, S. 149.

134 «Es gibt wohl kaum einen komplizierteren Bewegungsvollzug vom Menschen zu erlernen als das Sprechen», äußerte jüngst Helmut Breuer, ein gründlicher Kenner der Materie, in seinem Vortrag «Sprachwahrnehmungsdefizite bei Vorschulkindern – ihre Diagnose und prophylaktische Einschränkung» (Breuer 1998), S. 283.

135 Massinger / Nickisch 1997, S. 92f.

136 Lüer / Huber / Lass 1990.

137 In der schon erwähnten Untersuchung von Doleschal / Radü / Cassel 1997 waren bei der visuellen Wahrnehmungsprüfung (visuomotorische Koordination, Figur-Grund-Unterscheidung, Formkonstanz-Beachtung, Erkennen der Lage im Raum) «nur 15 Prozent der Kinder in allen Teilbereichen un-

auffällig. Bei der Formkonstanz-Beachtung ergab sich der größte Anteil an auffälligen Befunden mit 74 Prozent» (S. 87).

138 Kiese-Himmel / Schiebusch-Reiter / Kruse 1996.

139 Kiese-Himmel / Kruse 1998.

140 Kiese-Himmel / Wallmoden / Kruse 1996.

141 In dem ersten Vortrag des Zyklus *Eurythmie als sichtbare Sprache* vom 24.6.1924, Gesamtausgabe Band 279, Dornach 1968, S. 47.

142 Näheres dazu ist der 2001 im Verlag Freies Geistesleben erschienenen Monografie *Luftlautformen sichtbar gemacht – Sprache als plastische Gestaltung der Luft* von Johanna Zinke zu entnehmen, herausgegeben von Rainer Patzlaff, mit Beiträgen von Armin J. Husemann, Peter Nantke und Sonja Schaeffer. Sie enthält erstmals Bildmaterial zu sämtlichen Lauten der hochdeutschen Sprache, ferner erste sonografische Aufnahmen von Lautformen, die beim Sprechen im menschlichen Blut entstehen.

143 Einzelheiten und Literaturangaben dazu bei Lutzker 1996, S. 38ff.

144 Zitiert nach Lutzker 1996, S. 43.

145 Condon / Sander 1974.

146 Siehe den Bericht von Lutzker 1996, S. 43-45.

147 Angeregt wurde diese Übung von Rudolf Steiner in dem kleinen Goetheanum-Aufsatz «Sprache und Sprachgeist», in: *Der Goetheanumgedanke inmitten der Kulturkrisis der Gegenwart.* Gesamtausgabe Band 36, Dornach 1961, S. 296-300.

148 Weitere Ausführungen dazu in meinem Aufsatz «Verlust und Wiedergewinnung der Sprache im Jugendalter», in: *Erziehungskunst* 2/1992, S. 106-122.

Literatur

Armstrong, Alison / Casement, Charles: *The Child and the Machine. Why Computers May Put Our Children's Education at Risk*, Toronto 1998.

Arnemann, Christoph: *Die Auswirkungen von Kameraentfernung und Objektivbrennweite auf die medienvermittelte visuelle Wahrnehmung.* Dissertation 1993, Philosophische Fakultät der Universität Bremen.

BARMER Ersatzkasse (Hg.): *Sprich mit mir! Tips, Ideen, Informationen und viele Spiele zur Förderung der Sprachentwicklung*, hg. von der BARMER Ersatzkasse und dem Verein «Mehr Zeit für Kinder e.V.», Fellnerstraße 12, 60322 Frankfurt/M. (von dem das Buch zu beziehen ist), Erlangen 1997.

Bartels, Klaus: Das Verschwinden der Fiktion. Über das Altern der Literatur durch den Medienwechsel im 19. und 20. Jahrhundert, in: Bohn et al. (Hg.): *Ansichten einer künftigen Medienwissenschaft.* (Sigma Medienwissenschaft Band 1), Berlin 1988, S. 239 – 256.

Benz, Ute: *Warum sehen Kinder Gewaltfilme?*, München 1998.

Berens, Harald / Kiefer, Marie-Luise / Meder, Arne: Spezialisierung der Mediennutzung im dualen Rundfunksystem, in: *Media Perspektiven* 2/1997, S. 80 – 91.

Bertelsmann Stiftung: *Wissensvermittlung, Medien und Gesellschaft. Ein Symposium der Bertelsmann Stiftung am 23. und 24. Februar 1989 in Gütersloh.* Gesprächsleitung und Moderation: Michael Klett u. Dietrich Ratzke, Gütersloh 1989.

Bodanis, David: *The Secret Family. Twenty-four Hours inside the Mysterious World of our Minds and Bodies*, New York 1997.

Böhme-Dürr, Karin: Die Rolle der Massenmedien im Spracherwerb, in: Neumann / Charlton (Hg.): *Spracherwerb und Mediengebrauch* 1990 (siehe dort), S. 149 – 167.

Böhme-Dürr, Karin: Bildmagnet Fernsehen, in: *TelevIZIon* 12/ 1999/1, S. 20 – 25.

Bohn, Rainer / Müller, Eggo / Ruppert, Rainer (Hg.): *Ansichten einer künftigen Medienwissenschaft.* (Sigma Medienwissenschaft Band 1), Berlin 1988.

Boyanova, V. / Trayanova, D.: Communicative Disorders Among Children's Population in Republic of Bulgaria – Rate of Diffusion, in: *XXIVth World Congress of the International Association of Logopedics and Phoniatrics (IALP), Programme and Abstract Book,* Amsterdam 1998, S. 31.

Breuer, Helmut: Sprachwahrnehmungsdefizite bei Vorschulkindern – ihre Diagnose und prophylaktische Einschränkung, in: M. Gross (Hg.): *Aktuelle phoniatrisch-pädaudiologische Aspekte 1997/98* (Bd. 5), Heidelberg 1998, S. 275 – 290.

Buddemeier, Heinz: *Leben in künstlichen Welten. Cyberspace, Videoclips und das tägliche Fernsehen,* Stuttgart 1993.

Buzzel, Keith: *The Children of Cyclops. The Influence of Television Viewing on the Developing Human Brain.* Published by The Association of Waldorf Schools of North America, Fair Oaks 1998.

Cohen, Karen M.: The Development of Strategies of Visual Search, in: Fisher et al. (Hg.): *Eye Movements: Cognition and Visual Perception,* Hillsdale, New Jersey, 1981, S. 271 – 288.

Condon, William S. / Sander, L.W. : Neonate Movement is Synchronized with Adult Speech. Interactional Participation and Language Acquisition, in: *Science* Vol. 183, 11 (1974), S. 99 – 101.

Crown, Peter / Featherman, Gregg et al.: *Electroencephalographic and Electrooculographic Correlates of Television Viewing. Final Technical Report,* National Science Foundation, Student-Originated Studies, Grant No. SPI 78 – 03698, Hampshire College, Amherst (Mass.), March 1979.

Darschin, Wolfgang: Tendenzen im Zuschauerverhalten, in: *Media Perspektiven* 4/1999, S. 154 – 166 (Quelle: AGF/GfK Fernsehforschung).

Doleschal, Jörg / Radü, Hans-Joachim / Cassel, Cornelia: Soziodemographische Verteilung und Sprachstatus bei Kindern einer

Großstadt im Alter von 4;0 bis 5;0 Jahre, in: M. Gross / U. Eysholdt (Hg.): *Aktuelle phoniatrisch-pädaudiologische Aspekte 1996* (Band 4), Göttingen 1997, S. 86 – 89.

Duke-Elder, Sir Stewart (Hg.): *System of Ophthalmology. Vol. VI: Ocular motility and strabismus,* St. Louis 1973.

Eimeren, Birgit van / Maier-Lesch, Brigitte: Die Sache mit der Politik im Fernsehen, in: *TelevIZIon* 10/1997/1, S. 9 – 13.

Emery, Fred und Merrelyn: *A Choice of Futures,* Leiden 1976.

Eurich, Claus: *Das verkabelte Leben. Wem schaden und wem nützen die Neuen Medien?,* Reinbek bei Hamburg 1980.

Feierabend, Sabine / Klingler, Walter / Simon, Erk: Was Kinder sehen, in: *Media Perspektiven* 4/1999, S. 174-186.

Fischer, Burkhart: Blick-Punkte. *Neurobiologische Prinzipien des Sehens und der Blicksteuerung,* Bern / Göttingen / Toronto / Seattle 1999.

Franzmann, Bodo: Vor dem Einbruch der Multimedia-Kultur – Leseforscher überprüfen die Bestände, in: *Spektrum der Wissenschaft* 10/1995, S. 116 – 119.

Franzmann, Bodo / Fröhlich, Werner D. / Hoffmann, Hilmar / Spörri, Balz / Zitzlsperger, Rolf (Hg.): *Auf den Schultern von Gutenberg. Medienökologische Perspektiven der Fernsehgesellschaft,* Berlin / München 1995.

Fritz, Jürgen (Hg.): *Programmiert zum Kriegsspielen. Weltbilder und Bilderwelten im Videospiel,* Frankfurt /New York 1988.

Fröhlich, Werner D. / Zitzlsperger, Rolf / Franzmann, Bodo (Hg.): *Die verstellte Welt. Beiträge zur Medienökologie,* Weinheim/ Basel 1992.

Gerbner, George / Gross, L.: Living with Television: The Violence Profile, in: *Journal of Communication* 26 (1976), S. 172 – 199.

Gerbner, George: Über die Ängstlichkeit von Vielsehern, in: *Fernsehen und Bildung. Internationale Zeitschrift für Medienpsychologie und Medienpraxis,* Themenheft «Aspekte der Angst», Jg. 12 (1978) 1+2, S. 48 – 57.

Glogauer, Werner: *Die neuen Medien verändern die Kindheit. Nutzung und Auswirkungen des Fernsehens, der Videospiele, Videofilme u.a. bei 6- bis 10jährigen Kindern und Jugendlichen,* Weinheim 1993.

Greenfield, Patricia Marks: *Kinder und neue Medien. Die Wirkung von Fernsehen, Videospielen und Computern* (amerikanische Originalausgabe 1984), München / Weinheim 1987.

Grimm, Hannelore: Über den Einfluss der Umweltsprache auf die kindliche Sprachentwicklung, in: Neumann / Charlton (Hg.): *Spracherwerb und Mediengebrauch* 1990 (siehe dort), S. 99 – 112.

Grossmann, Dave: Kinder trainieren Gewalt. Wie die Medien Kinder gewaltbereit machen, in: *Family* 2/1999, S. 57 – 60 (bearbeitete Kürzung aus *Christianity Today*, August 1998, Carol Stream, Illinois, USA).

Grüsser, O. J. / Grüsser-Cornehls, U.: Gesichtssinn, in: Schmidt / Thews: *Physiologie des Menschen* (siehe dort), [23]1987, S. 249ff.

Grüsser, O. J. / Grüsser-Cornehls, U.: Gesichtssinn und Okulomotorik, in: Schmidt, Robert F. / Thews, Gerhard: *Physiologie des Menschen,* Berlin / Heidelberg / New York etc. [27]1997, S. 278ff.

Heinemann, Manfred / Höpfner, Christel: Screening-Verfahren zur Erfassung von Sprachentwicklungsverzögerungen (SEV) im Alter von 3½ bis 4 Jahren bei der U 8, in: *der kinderarzt. Mitteilungen des Berufsverbandes der Kinderärzte Deutschlands e. V.,* 23. (40.) Jahrgang 1992, Nr. 10, S. 1635 – 1639.

Heinemann, Manfred: Zunahme von Sprachentwicklungsstörungen – Konsequenzen für interdisziplinäre Zusammenarbeit, in: *25 Jahre Sprachheilzentrum Ravensburg – Festschrift zum 20. Juni 1997.*

Huth, Silvia: Zur Wirkung des Vielfernsehens. Ergebnisse aus der empirischen Forschung in den USA, in: *Fernsehen und Bildung. Internationale Zeitschrift für Medienpsychologie und Medienpraxis*, Themenheft «Mediendramaturgie und Zuschauerverhalten», Jg. 16 (1982) 1-3, S. 149-234.

Issing, Ludwig J. / Mickasch, Heidemarie D. / Haack, Johannes (Hg.): *Blickbewegung und Bildverarbeitung. Kognitionspsychologische Aspekte visueller Informationsverarbeitung.* Europäische Hochschulschriften Band 186, Frankfurt/Bern/New York 1986.

Kepplinger, Hans Mathias: *Darstellungseffekte. Experimentelle*

Untersuchungen zur Wirkung von Pressefotos und Fernsehfilmen. Alber Broschur Kommunikation, Bd. 15, Freiburg / München 1987.

Kepplinger, Hans Mathias: Die Bedeutung der Fernsehbilder für das Realitätsverständnis der Fernsehzuschauer, in: Franzmann et al.(Hg.): *Auf den Schultern von Gutenberg* 1995 (siehe dort), S. 246 – 251.

Kiese-Himmel, Chr. / Schiebusch-Reiter, U. / Kruse, E.: Sprachentwicklungsstörung und taktil-kinästhetische Wahrnehmung, in: M. Gross (Hg.): *Aktuelle phoniatrisch-pädaudiologische Aspekte 1995* (Bd. 3), Berlin 1996, S. 121 – 122.

Kiese-Himmel, Chr. / Wallmoden, C. v. / Kruse, E.: «Begreifen» durch Greifen, in: Gross, M. (Hg.): *Aktuelle phoniatrisch-pädaudiologische Aspekte 1995* (Bd. 3), Berlin 1996, S. 118 – 120.

Kiese-Himmel, Christiane / Wilke, Sabine / Kruse, Eberhard: Was wird aus sprachentwicklungsgestörten Kindern im Grundschulalter? Ergebnisse einer Follow-up-Untersuchung, in: M. Gross / U. Eysholdt (Hg.): *Aktuelle phoniatrisch-pädaudiologische Aspekte 1996* (Bd. 4), Göttingen 1997, S. 83 – 85.

Kiese-Himmel, Christiane / Kruse, Eberhard: Höhere taktile und kinästhetische Funktionen bei ehemals sprachentwicklungsgestörten Kindern, in: Gross, M. (Hg.): *Aktuelle phoniatrisch-pädaudiologische Aspekte 1997/98* (Bd. 5), Heidelberg 1998, S. 222 – 225.

Klesges, Robert C. / Shelton, Mary L. / Klesges, Lisa M.: Effects of Television on Metabolic Rate: Potential Implications For Childhood Obesity, in: *Pediatrics* Vol. 91, Nr. 2, 1993, S. 281 – 286.

Krüger, Udo Michael: Gewalt in von Kindern genutzten Fernsehsendungen, in: *Media Perspektiven* 3/1996, S. 114 – 133.

Krugman, Herbert E.: Electroencephalographic Aspects of Low Involvement, in: *American Association of Public Opinion Research* , New York 1970.

Kubey, Robert / Csikszentmihalyi, Mihaly: *Television and the Quality of Life: How Viewing Shapes Everyday Experience,* Hillsdale (New Jersey) 1990.

Lahr, Helmut van der: Lesen: Verlust einer Schlüsselqualifikation für die Informationsgesellschaft, in: *Media Perspektiven* 1/ 1996, S. 2 – 7.

Lehmann, Rainer H. et al.: *Leseverständnis und Lesegewohnheiten deutscher Schüler und Schülerinnen.* Reihe Beltz Stiftung Lesen, Weinheim/Basel 1995.

Limann, Otto: *Fernsehtechnik ohne Ballast,* München [11]1976.

Lüer, G. / Huber, W. / Lass, U.: Untersuchung von Sprachstörungen durch Augenbewegungsanalysen, in: Hermann Mühlendyck / Walter Rüssmann (Hg.): *Augenbewegung und visuelle Wahrnehmung. Physiologische, psychologische und klinische Aspekte* (Bücherei des Augenarztes, Bd. 121), Stuttgart 1990, S. 47 – 52.

Lutzker, Peter: *Der Sprachsinn. Sprachwahrnehmung als Sinnesvorgang,* Stuttgart 1996.

Mander, Jerry: *Schafft das Fernsehen ab! Eine Streitschrift gegen das Leben aus zweiter Hand,* Reinbek bei Hamburg 1979 (amerikanische Originalausgabe New York 1978).

Massinger, Claudia / Nickisch, A.: Ludwigshafener Standardisierte Motorikuntersuchung für Kinder mit phoniatrisch-pädaudiologischen Auffälligkeiten, in: M. Gross / U. Eysholdt (Hg.): *Aktuelle phoniatrisch-pädaudiologische Aspekte 1996* (Bd. 4), Göttingen 1997, S. 92 – 94.

Mattenklott, Axel / Donsbach, Wolfgang / Brosius, Hans-Bernd: Die Realität des Fernsehzuschauers: die Illusion des Augenzeugen, in: Franzmann et al. (Hg.): *Auf den Schultern von Gutenberg. Medienökologische Perspektiven der Fernsehgesellschaft,* Berlin / München 1995, S. 252 – 263.

Mikasch, Heidemarie D. / Haack, Johannes: Blickbewegungsforschung – Einführung in die physiologischen Grundlagen, Techniken und in die Problem- und Anwendungsbereiche, in: Issing et al. (Hg.): *Blickbewegung und Bildverarbeitung* 1986 (siehe dort), S. 11 – 36.

Mohr, Inge: Jugendschutz im Fernsehen: Aktuelle Entwicklungen, in: *Media Perspektiven* 3/1999, S. 119 – 127.

Mulholland, Thomas B.: The Concept of Attention and the Electroencephalographic Alpha Rhythm, in: *Attention in Neurophysiology,* London 1969.

Neumann, Klaus / Charlton, Michael (Hg.): *Spracherwerb und Mediengebrauch*, ScriptOralia Band 27, Tübingen 1990.

Neverla, Irene: *Fernseh-Zeit. Zuschauer zwischen Zeitkalkül und Zeitvertreib. Eine Untersuchung zur Fernsehnutzung*, München 1992.

Neverla, Irene: Zeitmaschine Fernsehen: Zwischen Beschleunigung und Entschleunigung des Alltags, in: Franzmann et al. (Hg.): *Auf den Schultern von Gutenberg* 1995 (siehe dort), S. 269 – 276.

Noelle-Neumann, Elisabeth: Das Fernsehen und die Zukunft der Lesekultur, in: Fröhlich et al. (Hg.): *Die verstellte Welt* 1992 (siehe dort), S. 222 – 254.

Opaschowski, Horst W.: *Deutschland 2010. Wie wir morgen leben – Voraussagen der Wissenschaft zur Zukunft unserer Gesellschaft*, Hamburg 1997

Patzlaff, Rainer: Verlust und Wiedergewinnung der Sprache im Jugendalter, in: *Erziehungskunst* 2/1992, S. 106 – 122.

Patzlaff, Rainer: *Sprachzerfall und Aggression. Geistige Hintergründe der Gewalt und des Nationalismus*, Stuttgart 1994.

Patzlaff, Rainer: *Medienmagie oder die Herrschaft über die Sinne*, Stuttgart [3]1999.

Postman, Neil: Sieben Thesen zur Medientechnologie, in: Fröhlich et al. (Hg.): *Die verstellte Welt* 1992 (siehe dort), S. 9 – 22.

Ridder, Christa-Maria: US-Kinderfernsehen zwischen Kommerz und Regelungsversuchen im öffentlichen Interesse, in: *Media Perspektiven* 1/1997, S. 31 – 41.

Sanders, Barry: *A is for Ox. Violence, Electronic Media and the Silencing of the Written Word*, New York 1994. Deutsche Übersetzung unter dem Titel *Der Verlust der Sprachkultur*, Frankfurt / M. 1995.

Scheurle, Hans Jürgen: Information und Bewußtseinshelligkeit – Was kann die neurophysiologische Forschung zur Untersuchung des Fernsehens beitragen?, in: *Das Problem von Wahrnehmung und Bewußtsein auf dem Hintergrund der Medien- und Hirnforschung*, Medienkritische Reihe, hg. von Heinz Buddemeier, Band 1, Bremen 1998, S. 74 – 170.

Schmidbauer, Michael / Löhr, Paul: Jugendmedien und Jugendszenen. Ergebnisse einer aktuellen Untersuchung, in: *TelevIZIon* 10/1997/1, S. 13 – 26.

Schmidt, Robert F. / Thews, Gerhard: *Physiologie des Menschen,* Berlin/Heidelberg/New York etc. [27]1997.

Schmitt-Sasse, Joachim: «Macht Filme wie komplexe Werbespots!» Strategien einer produktionsorientierten Medienwirkungsforschung, in: Bohn et al. (Hg.): *Ansichten einer künftigen Medienwissenschaft* 1988 (siehe dort), S. 181 – 194.

Schulze-Krüger, Rolf Ekkehard: *Analyse von Augenbewegungen des Menschen zur Symmetrie- und Raumwahrnehmung und Vergleich zu einem aktiven Kamerasystem.* Fortschritt-Berichte VDI Reihe 17 (Biotechnik), Nr. 83, Düsseldorf 1992.

Sicking, Peter: *Leben ohne Fernsehen. Eine qualitative Nichtfernseherstudie*, Wiesbaden 1998.

Signorielli, Nancy: Ungesunde Botschaften. Medieneinflüsse auf das Gesundheits- und Ernährungsverhalten von Kindern, in: Franzmann et al. (Hg.): *Auf den Schultern von Gutenberg. Medienökologische Perspektiven der Fernsehgesellschaft*, Berlin / München 1995, S. 150 – 164.

Singer, Dorothy G.: Fernsehen, Lesen und Phantasieentwicklung, in: Franzmann et al. (Hg.): *Auf den Schultern von Gutenberg. Medienökologische Perspektiven der Fernsehgesellschaft*, Berlin / München 1995, S. 118 – 131.

Singer, Jerome L. / Singer, Dorothy G.: Wider die Verkümmerung der Phantasie. Fernsehen, Lesen und die Entwicklung der Vorstellungskraft, in: Fröhlich et al. (Hg.): *Die verstellte Welt. Beiträge zur Medienökologie* 1992 (siehe dort), S. 98 – 114.

Steiner, Rudolf: Sprache und Sprachgeist, in: *Der Goetheanumgedanke inmitten der Kulturkrisis der Gegenwart.* Gesamtausgabe Band 36, Dornach 1961, S. 296 – 300.

Steiner, Rudolf: *Eurythmie als sichtbare Sprache.* Vortragskursus in Dornach vom 24. Juni bis 12. Juli 1924. Gesamtausgabe Band 279, Dornach 1968.

Sturm, Hertha / Vitouch, Peter / Bauer, Herbert / Grewe-Partsch, Marianne: Emotion und Erregung – Kinder als Fernsehzuschauer. Eine psychophysiologische Untersuchung, in: *Fernsehen und Bildung. Internationale Zeitschrift für Medienpsy-*

chologie und Medienpraxis, Themenheft «Mediendramaturgie und Zuschauerverhalten», Jg. 16 (1982) 1 – 3, S. 11 – 114.

Sturm, Hertha: Wahrnehmung und Fernsehen: Die fehlende Halbsekunde, in: *Media Perspektiven* 1/1984, S. 58 – 65.

Sturm, Hertha: Wissensvermittlung und Rezipient: Die Defizite des Fernsehens, in: *Wissensvermittlung, Medien und Gesellschaft.* Ein Symposium der Bertelsmann Stiftung (siehe dort) 1989, S. 47 – 76.

Sturm, Hertha: Die inneren Aktivitäten bei Hören, Sehen und Lesen. Ein Ansatz zur Klärung der Warum-Frage von Medienwirkungen, in: Franzmann et al. (Hg.): *Auf den Schultern von Gutenberg* 1995 (siehe dort), S. 82 – 94.

Theunert, Helga / Schorb, Bernd: *«Mordsbilder»: Kinder und Fernsehinformation. Eine Untersuchung zum Umgang von Kindern mit realen Gewaltdarstellungen in Nachrichten und Reality-TV im Auftrag der Hamburgischen Anstalt für neue Medien (HAM) und der Bayerischen Landeszentrale für neue Medien (BLM).* Schriftenreihe der HAM Band 13, Berlin 1995.

Thomas, Günther: *Medien – Ritual – Religion. Zur religiösen Funktion des Fernsehens,* Frankfurt / M. 1998.

Wagner, Luise / Drösser, Christoph: Tuning für unsere Sinne, in: *Konrad,* 1/1997, S. 101 – 104.

Ward, Sally: The Predictive Validity and Accuracy of a Screening Test for Language Delay and Auditory Perceptual Disorder, in: *European Journal of Disorders of Communication* 27 (1992), S. 55 –72.

Ward, Sally: *The Validation of a Treatment Method for Auditory Perceptual Disorder in Young Children.* Unveröffentlichtes Manuskript vom Mai 1994.

Ward, Sally: An Investigation into the Effectiveness of an Early Intervention Method für Delayed Language Development in Young Children, in: *International Journal of Language & Communication Disorders* 1999, Vol. 34, No. 3, S. 243 – 264.

Winn, Marie: *Die Droge im Wohnzimmer.* Reinbek b. Hamburg 1979 (amerikanische Originalausgabe 1977 unter dem Titel «The Plug-In Drug»).

Yarbus, Alfred L.: *Eye Movements and Vision* (translated from Russian by Basil Haigh, Cambridge, England), New York 1967.

Zajonc, Arthur: *Die gemeinsame Geschichte von Licht und Bewusstsein*, Reinbek b. Hamburg 1994.

Zangemeister, W. H. / Sherman, K. / Stark, L.: Evidence for a Global Scanpath Strategy in Viewing Abstract Compared with Realistic Images, in: *Neuropsychologia* Vol. 33, No. 8, 1995, S. 1009 – 1025.

Zeutschner, Heiko: Die braune Mattscheibe. Unsere Glotze wird 60 – Fernsehen im Nationalsozialismus, in: *Süddeutsche Zeitung*, 25.3.1995.

PRAXIS ANTHROPOSOPHIE · FREIES GEISTESLEBEN

18

Rainer Patzlaff

Medienmagie

oder die Herrschaft über die Sinne

176 Seiten, kartoniert

Die gewaltige Invasion der neuen technischen Systeme folgt einem inneren Gesetz. Sie kann nur dort zum Zuge kommen, wo wir selbst das Feld geräumt haben. Das geistige Vakuum, das wir in unserem Denken und Sprechen selbst geschaffen haben, indem wir uns mit der ganzen Fülle unseres persönlichen, menschlichen warmen Erlebens daraus zurückgezogen haben, ist nun der Ort, in den Maschinen mit künstlicher Intelligenz hineindrängen, um uns mit unseren eigenen Waffen zu schlagen.

Den Fortschritt aus menschlichen Kräften zu gestalten, statt ihn Maschinen zu überlassen, dazu möchte das Buch eine Anregung sein.

Verlag Freies Geistesleben